征韓論政変の真相

――西郷と大久保、親友からなぜ激突へ――

伊牟田　比呂多

髙城書房

まえがき

明治六年政変については、十一年前の平成十六年十二月に、『征韓論政変の謎』という表題で発刊したが、完売し現在絶版になっているようである。

明治六年政変については、その後も取材・研究を続け、「謎」から「真相」へと近づいたように思われる。

明治六年の所謂《いわゆる》征韓論については、高校日本史の参考書にも、「朝鮮の鎖国政策を武力で打破して国交を開こうという政策論。士族の不平をそらす意図もあって、参議の西郷隆盛・板垣退助・江藤新平らが主張。欧米視察から帰国した大久保利通・木戸孝允らが内治の急務を唱えて反対したため、征韓派は一斉に下野した（明治六年の政変）」と書かれているが、これが一般的な見方でもあった。

征韓論政変については、毛利敏彦大阪市大名誉教授が昭和五十四（一九七九）年『明治六年政変の研究』で、百年間にわたって誤り伝えられた政変の真相を解明された。

明治四年十一月の岩倉使節団出発から六年十月の政府大分裂までの関係政府首脳者の言動を信頼できる第一次史料に依拠して復元し、かれらをめぐる状況の再構成を試みられた。

そして政変直前の明治六年十月十五日の閣議に宛てて、西郷が太政大臣三条実美《さねとみ》に提出した自筆の「朝鮮国御交際の始末」という西郷の真意・決意を表明した始末書によって、あくまで交渉による朝鮮国との修交を求め、使節就任を切望したとの遣韓論を発表され、大きな反響を呼んだ。

この遣韓《けんかん》論の流れの中で、書店には、西郷征韓論に対する色々な見解の著書が発刊されている。

朝鮮使節派遣問題については、毛利説が正統的見解のように思われる。

だが、政府大分裂について、毛利説は西郷と大久保の竹馬の友関係を重視して、長州派による江藤新平司法卿追放に重点をおいておられるようである。

明治六年政変を西郷と大久保との対立によるものとする見方は、薩摩出身者に多い。

そして、明治六年政変を、外交政策論争でなく、人間関係などからの対立衝突や、権力闘争とする見方は、西郷と大久保について、性格、人生観、政治観、世界観などについて深く掘り下げて研究した人たちや、西郷と行動を共にしてきた人たちに以外と多い。

村田新八は、大久保も片腕へと期待し、勝海舟が大久保に次ぐ人材と評した傑物だが、村田は岩倉遣外使節団から一足遅れて帰国して西郷の辞任帰鹿を知り、大久保を訪問し、政府大分裂について質問し、話し合っている。

村田が帰鹿する前に、従弟の高橋新吉が訪ねている。高橋は、明治三年米国に留学するが、米国に留学中の大久保利通の息子の世話をするなど大久保家と親しい関係にあり、帰国後は大蔵省に出仕し、のち勧業銀行総裁になった人である。

横浜で別れる際に、村田が高橋に簡潔にいった言葉を、高橋は終生記憶して、語りつづけたという。

「征韓論の衝突は、西郷、大久保という両大関の衝突である」

次いで、「西郷と大久保の衝突については、われわれがこれに批評を試みる余地がない」

そして、「自分は、西郷と離るべからざる関係があるので、鹿児島に帰る」と。

村田新八は鹿児島に帰って、桐野利秋、篠原国幹とともに私学校の教育を担当し、「西郷先生をして内閣を組織しその抱負を実行せしむるは、これ吾が輩今日の責任なり」と語っていた。

権力に迎合しない反骨の正義感の薩摩隼人と評され、史伝作家として「西郷と大久保」、さらに「西郷と大久保と久光」を書くなど、西郷と大久保との関係について長年調査研究を続けてきた海音寺潮五郎《かいおんじちょうごろう》は、「西郷は大久保にいつも深い愛情をもっていますが、大久保の方はそうではないようです。

大久保は、出世欲も大いにあった人で、事務家の才能がありすぎ、功業の念を離れることが出来なかった人で、西郷のように志に殉ずることは出来ない人だった。

明治六年に二人の友情は破れますが、破れるべきものはずっと大久保の内部にあったと、私は見ています」と述べている。

そして、明治六年政変については、次のような見解を述べている。

「大久保は性格的にも統制主義の好きな人でしたが、久光に登用され、その側近になって多年働いている間に、益々統制家になった。

明治六年の、いわゆる征韓論の論争は、普通考えられているような、内政が先か、外事が先かの論争ではない。あれは表面的理由で、底には西郷の統制主義嫌いと大久保の統制主義信仰とが流れている。

又大久保と西郷は、新生日本をどう育てていくかについて、意見が別になった。西郷の意見は彼には納得できない。改めてもらいたいが、説得できる自信がない。第一、西郷はえらくなりすぎている。天下の輿望《よぼう》が集まっている点でも懸絶《けんぜつ》している。これが中央政界に聳《そび》えているかぎり、自分の是《ぜ》と信ずる方策を行うことが出来ない。

西郷にやめてもらおうと決心をかためたのであろう。

やるとなれば、ことは巧妙に運ばなければならない。多年の友情をふみにじって、西郷を追い出したといわれては、後の施政にさしつかえる。ごく自然に見えるように運ぶべきである。

そして大久保は計画的に西郷を政府から追い出した」と。

この西郷と大久保の関係については、南日本新聞元論説委員長で西郷南洲研究の権威でもある鮫島志芽太氏の「西郷と大久保の関係―その歴史的な意味と力」など優れた実証的研究がある。これは、「西郷と大久保は竹馬の友」という定説を覆した論説でもあり、西郷と大久保という幕末維新を動かした二大巨人の関係に一石を投じ、幕末維新の重大事件の解釈にも影響を及ぼす重要な実証的研究なので、第五章で詳しく紹介してみたい。

そして、次のように述べられている。

西郷と大久保の生誕地は、加治屋町と甲突川の対岸高麗町とで竹馬の友ではなく、かなり親しく交流するようになったのは、嘉永三年の「お由羅騒動《ゆらそうどう》」事件の頃からで、西郷は二十三歳、大久保二十歳だった。

しかし、だからといって、ある時期に、深い親交がなかったというのではない。がっちり協力しなかったというのでもない。

ただ、竹馬の友だから親友である、親友であるから刎頸《ふんけい》の交わりだった、というような認識を前提にしてしまうと、二人の人物評価も、薩摩藩が全藩を統一して明治維新の主動力になった要因の分析も、適切を欠くことになる。西南の役の真相も、わからなくなってしまう。

それほどに、二人の関係は、私たちにとって、重要な歴史的意味内容をもっているわけだ。

ここで私の考える問題のキーポイントを一言するとすれば、それは、およそ薩摩的でない大久保という人物の正体を、しっかりつかんでかからなければならない……そのためには、まず彼の幼少時代、次に青年期を正確に知る必要があるということである。

大久保は、三つ年上の、いわゆる大西郷をも、いつでも痛烈に批判する性格の男として育っている。それにもかかわらず、西郷の衆望を借りなくては、どうしようもなく、大久保の野望（目的）は果たすことができなかった。二人の関係の本質は、ここに根差している。

その上で、このことが倒幕・明治維新への貢献という意義とともに、明治六年政変から西南戦争への悲劇ともなったと結論づけられている。

この西郷と大久保との対立について、戦前・戦中、特に昭和十年から二十年まで平泉史学・皇国史観で日本史学界を風びし、敗戦の際には、昭和二十年八月十五日付けで退官届を提出し、書物を荷車に積んで東大を去り、その進退・去就の鮮やかさと、毅然たる姿勢に感嘆されている平泉澄《ひらいずみきよし》元東大教授は、大久保帰国直後の明治六年五月二十七日頃行われた両雄再会の会議での約定書をめぐってではないかと、「首丘の人大西郷」で推論している。なお、いわゆる征韓論衝突問題は、この頃まだ起きていない。

明治四年十一月、岩倉遣外使節団は出発に当たり、西郷留守内閣に人事、組織、制度など改革はやらないようにと約定したが、西郷留守内閣が大改革をやったことに、大久保が難詰《なんきつ》したことにあったに違いないとされ、次のように述べられている。

「西郷内閣が、足掛け三年、混乱し、苦悶している国民を前にして行った大改革に、西郷が大久保から受けたのは、感謝ではなくして、反感であり、憎悪であり、憤激非難の声であった。

この明治六年五月二十七日頃の両雄の再会は両雄の運命も決定した。明治十年九月二十四日の城山における西郷の痛ましき自決も、その翌年五月十四日の紀尾井町における大久保の遭難も、この時をもって決定せられたのであった」と。

明治六年政変は、朝鮮使節派遣問題だけが大きく取り上げられているが、外征の可能性のある課題として、ロシア問題として樺太《からふと》国境画定と現地紛争事件、そして台湾問題との三つがあった。

そして西郷が最も重視していたのは、ロシアの領土拡張南下政策を睨んでの樺太（サハリン）領有問題であった。

西郷が尊敬する主君であり、師でもあった島津斉彬は、「樺太を開墾《かいこん》して日本人種を殖し日本の所領なるを分明にすべし」と積極的な植民・開拓論を主張していた。

西郷は、明治五年八月に、陸軍少佐の池上四郎と武市熊吉を外務省出仕とし、権中録《ごんちゅうろく》の彭城中平を加えた三人を、華北・満州地域の地形・兵備・風俗などの調査へ派遣していた。さらに陸軍中佐北村重頼と陸軍少佐別府晋介《しんすけ》を、外務大丞花房義質《よしもと》の朝鮮出張に便乗して派遣した。

さらに西郷は、明治五年十一月に島津久光公へ詫びるために帰鹿し、六年三月に上京の際には開墾用農具を持参していた。

そして明治五年七月には、西郷は、北海道に鎮台《ちんだい》を置いて自《みずか》ら司令長官となり、樺太《からふと》（現サハリン）に分営を設け、近衛局長の要職にある篠原国幹《しのはらくにもと》を樺太分営司令官として、桐野利秋・辺見十郎太・渕辺高照・別府晋介らと共に北海道に移住し、屯田法《とんでんほう》をもって開拓したいとの構想を、北海道と樺太を所管する開拓次官黒田清隆《きよたか》に宛てて、「自分と君とは情宜《じょうぎ》甚だ厚し、まさに死生を共にしたい、我北行の意決せり」と申し送っていた。

そして明治六年春、北海道移住を閣議に謀《はか》った。

だが閣議は、筆頭参議の西郷が北方問題だけに専心されては大変と、検討事項として棚上げにしてしまった。

内治急務論を掲げて西郷の朝鮮使節派遣に反対した大久保利通は、政変から半年後の明治七年五月に台湾に出兵し、続いて明治八年九月、韓国の都に近い京畿道《けいきどう》の江華島《こうかとう》で砲艦外交を行い、日朝修好条規（江華条約）を結んだ。

他方、ロシアを相手とする樺太問題について大久保政権は、樺太を放棄して碁石《ごいし》のような北千島と交換するという、ロシアの強圧に屈した不平等条約という批判もあった樺太・千島交換条約を明治八年五月に結んでいる。

明治評論界で活躍した三宅雪嶺《せつれい》は『同時代史』に「当時翁《おう》（大西郷）の志としたのはロシア（と戦うこと）に対して準備することであり、翁に反対した者もこれ（ロシアと戦おうとする方針）を畏れてのことであったが、三十年後の今日から見れば、先に妄想《もうそう》と認められた論も思いのほか真実であったことが証明されたようである。」と述べている。

大久保たちの内治急務論というのは、樺太などをめぐるロシアとの摩擦回避論《まさつかいひろん》と見れば、明治六年の三大外交課題のうち、朝鮮と台湾については積極的外征、強国ロシアについては樺太割譲《かつじょう》という恐露屈伏外交との批判もある譲歩をして対立を回避し、内治に力を入れる論と見れば理解可能である。

樺太領有問題という視点からも、明治六年政変について考察してみた。

又、この征韓論政変といわれる西郷留守内閣打倒の権力闘争は、やがて、死傷者が西郷軍が約二万人、政府軍一万五千七百人の西南戦争へとつながって行っている。西南戦争について、維新の三傑といわれ、長州派総帥の木戸孝允は次のように述べている。「西南戦争最近の原因は、西郷隆盛等数人を利通及び大警視川路利良などが、暗殺せんとしたに過ぎない」（木戸松菊公逸話のうち、三浦梧楼子爵《ししゃく》の談話）。

又、島津家の編纂事業や、宮内省の委嘱で、薩摩島津家、長州毛利家、土佐山内家、水戸徳川家の四家の事跡を記録するための史談会運営の中心となった市来四郎も、

「今回の挙（西南戦争）は、全く西郷・大久保等の私怨・私隙に出ずるものなれば、云々」と述べている。

明治維新へ親友・盟友として二人三脚で協力してきた西郷と大久保がなぜ、不倶《ふぐ》戴天《たいてん》の関係になったのか、重要な原因・事情が見逃されてきている。

第一は、実質上の西郷留守内閣の筆頭参議で、大蔵省事務監督も引き受けていた西郷が、四カ月という長期間政府を留守にして鹿児島に滞在し、その間の行動が不明であるということである。

第二は、気配りの愛情と思いやりで人脈づくりの名人とも言われた西郷が、四月上旬上京するや、四月十九日には大久保の政敵の江藤新平と後藤象二郎たちを大久保より上位の官職の参議に昇任させていることである。

特に江藤新平は、大久保が憎悪する仇敵であり、佐賀の乱が発生するや、軍事・司法・行政の全権委任状を持って出発したが、三条太政大臣たちが心配して、死刑にする権限を取り消したが、大久保は東伏見宮総督の権限を利用して、江藤をさらし首の極刑に処したという、多くの参議が心配した仇敵である。

これには、明治五年十一月から明治六年三月まで四カ月間、筆頭参議の西郷が政府を留守にしての鹿児島滞在中に知ってしまった十一年前の寺田屋事変での沖永良部島への永久流罪の真相と、永久流罪の赦免は大久保の尽力のおかげと信じてきたが、実は、大久保は久光の怒りを恐れて嘆願しないので、それならと、高崎正風たち十数人の若手藩士たちの切腹覚悟の嘆願によるものと知った時の驚がくと、大久保への不信感があるようである。

そして、大久保帰国の明治六年五月二十六日後の会談で、大久保は約定書違反を詰問し、西郷は沖永良部島へ永久流罪の真相追求で、両者の友情は破裂し、激突となって行ったようである。

この問題解明には、権勢に迎合せず、正論を貫く人格高潔な福澤諭吉、平泉澄、海音寺潮五郎、鮫島志芽太氏などの研究を参考にして執筆した。

平成二十八年春

著者

目次

第一章　岩倉遣外使節団の条約改正失敗と西郷留守内閣の実績が政変へ

1　通説と酷評

岩倉使節団については、政府首脳が大挙して西欧先進文明を実地に学び、日本の文明開化の進展に大きく寄与したことだけを重点に評価した歴史書も多い。

他方、当時岩倉遣外使節団は、治外法権《ちがいほうけん》の廃止、関税自主権の回復、一方的最恵国《さいけいこく》条款《じょうかん》の改定などの条約改正に失敗し、「百名以上の大集団の二十カ月に及ぶ大掛かりな観光団」とか「漫然たる巡遊」と酷評されるに至っていた。

明治期の「理想的新聞記者」の第一位、「学者の部の痛快男子十傑」の第一位に選ばれたりしたジャーナリスト・哲学者・歴史家で明治評論界で活躍した三宅雪嶺《みやけせつれい》も、次のような批評をしている。

「初め大使一行の日本を出発せし際、必ず大に得る所あらんと期待せしに、米国にて改正の実地問題に触れ、早くも一行間に異議の起り、木戸が大久保及び伊藤の軽率《けいそつ》を難じ、大久保等は之に快からず、（略）米国を去る時、事実上に漫然たる巡遊に過ぎざるを意識せるも、其の儘《まま》に中止すべくもなく、幾許《いくばく》か予想の狂えるに失望し、幾許か文明国の旅行に興味をそそられ、世界の形勢に通ずるを以て心に慰め、英国より仏国に渡りて新年を迎う。

大使及び副使は自ら徒《いたず》らに漫遊《まんゆう》せず、為し得べき限りを為し来れりと考うるも、留守居の大官より観れば純然たる漫遊と同様にして、国事を余所《よそ》にし、花に戯《たわむ》れ月に浮かるるとは何事ぞと責められる許《ばか》りにて、空気は頗《すこぶ》る穏かならず。（略）

大使一行中にさえ「条約は結び損《そこな》い金は捨て、世間へ大使（対し）何と岩倉」という狂歌の行わるる位にて、内地に悪評少なからず、恥の上塗《うわぬり》とも取り沙汰《ざた》せり。……大使らは何を為し来れるやを言うに難く、言えば欧米の文明又は世界の大勢を説くべきのみ、留守派は漫然たる洋行話を聴くを欲せず元はと言えば、一大使四副使同勢百人という大掛りにて出発せしの誤りに起り、……大掛りの観光団は後より顧みて思わざるも甚だしけれど、既に発せし矢は帰らず、齟齬《そご》の結果として何辺かに大破綻《だいはたん》の起るを禦《ふせ》ぐに由なし。」

2　使節団へ木戸と大久保の参加事情

使節団は、特命全権大使が右大臣岩倉具視、副使が参議木戸孝允、大蔵卿大久保利通、工部大輔伊藤博文、外務少輔山口尚芳で総勢百名を越す大使節団であった。

ところで、明治政府が廃藩置県の大号令を公布したのは明治四年七月十五日だった。

廃藩置県とは、全国の諸大名いわゆる三百諸侯を免職にし、その私有してきた領地人民を取り上げ、土地は天子の土地であり、人民は天下の臣民であることを宣言した大改革であった。

三百諸侯が土地人民への支配権を失うことへの不満、それに伴い藩士だった士族たちが禄米を断たれ、収入を失うことによる生活不安からの不満と苦しみに対し、どのように対応していくかは切実深刻な課題だった。

この廃藩置県に対し、薩摩の島津久光《しまづひさみつ》たちが激怒し、生活基盤を失った全国士族の不満が高まっているなど深刻な政治状勢の中、十一月十日、岩倉使節団は、安政不平等条約の改正と欧米先進諸国の文物制度の研究を目的に、長期外遊の旅に出かけた。

木戸孝允も洋行を希望し、長州派も木戸の希望を支持したが、三条実美太政大臣が「今日の事業容易ならず折柄心痛仕り候、何分にも今しばらくの間政府を離れず、当年のところは思い止まり」と、内政上の必要を理由に、木戸の残留を強く希望した。西郷や板垣も、長州派代表の木戸の外遊には賛成しなかった。そこで木戸は、一時外遊をためらったようである。

一方、廃藩置県によって、藩士だった士族たちは禄米を断たれ、生活基盤を失ったことへの不満と苦しみに対して、どのように対応していくかは切実深刻な政治課題で、この課題対応への最大の責任者は、大蔵卿の大久保であった。そして大蔵大輔の井上馨が次官である自分だけでは責任をもてないから辞任すると抵抗していた。

そこをあえて使節団入りを希望したのは、洋行願望の外に、廃藩で失業した全国士族の不満・攻撃や、久光と門閥家臣団の非難を避けるためではという世評があった。

廃藩の知らせを聞いた島津久光は、ことは西郷・大久保らの専断に出たものであると激怒し、たまりにたまった鬱憤《うっぷん》を、磯庭園で花火を打ち上げさせて晴らしたといわれる。

大久保は城下士中、最下位の御小姓与《ぐみ》出身だったが、久光の側近そして重臣へと異例の抜擢《ばってき》を受けて久光政権の中枢を占め、もともと公武合体派だった久光を説得して、島津藩の財力と兵力を討幕に向けて明治維新を実現させた。

だが、久光と門閥家臣団にとっては、島津藩の財力と兵力を傾け尽した結果、島津藩まで廃藩されてしまい、なんということだと憤懣《ふんまん》が激しかったようである。

そして久光系藩士だった示現流の達人海江田信義が西郷に面会を申し込んできた。

西郷は、いよいよお出でなさったかと、「先ず勝海舟に会って話をしてきてくれ、その後なら会いましょう」と返事したので、海江田は勝の所に会いに行った。

勝はなかなかの弁舌家であり、天下の情勢をいろいろと海江田に語って聞かせたので、海江田は西郷を斬る気がなくなって行った。その後西郷を訪問したが、面談は平穏に終わったようである。

そして十一月十二日に使節団の船が横浜港を出港する日に、海江田が「大久保さん」と声をかけ、振り向いた大久保の顔から血の気が引き、硬直したようになったので、西郷が笑って「一蔵どん、海江田どんは斬るためにきたのじゃごわはん」と告げ安心させたという話もある。

島津久光が、公武合体や幕政改革など国事周旋に乗り出したのは、日本植民地化への強い警戒感があった。明治維新で政治的植民地化は避けられたが、精神的欧米植民地化へ道を政府主導で進んでいるのではとの危機感を持ったようである。

使節団出発後になるが、それらへの示威行動として、中山仲左衛門の企画ともいわれるが、久光のお伴をして上士家臣団二百五十名がチョンマゲ姿に大小両刀を帯び、県令大山綱良と参事奈良原繁に案内されて上京し、東京市民を驚かした。

その際、西郷を暗殺するのではとの噂がひろまった。これを聞いた西郷の部下の近衛士官たちが、大山綱良・奈良原繁と面談し「国家の革新政策にお従いなさらぬなら打ちふせますぞ、すぐに離京なさらぬと片づけますぞ」と厳しく申し入れをしたので、皆驚いて帰鹿した。

西郷は「両氏の恨みは私一身に帰すべく、のがれぬものとあきらめている」「斬りあいでもしたら赤面の上の赤面でしたが無事で幸せでした」と書簡などで述べている。

国内のこのような危険な状勢を回避し、大きな外交的課題であった安政不平等条約改正を自らの手で実現したという政治的功名心が、大久保を外遊へと駆り立てたのであろう。

そのために、廃藩置県に伴う切実深刻な課題は、次官である自分だけでは責任を持てないと大久保大蔵卿の外遊に猛反対している井上馨大蔵大輔を、西郷に大蔵省事務監督にと頼み込んで引き受けてもらい、井上に同意させて出発した。

一方、木戸孝允は、岩倉、大久保から参加を誘われて、井上馨をはじめ長州派が親分の木戸へ外遊の機会をと強く推したので、西郷や板垣も同意し、副使として参加出発した。

3　使節団の条約改正失敗

横浜出港から二カ月半の明治五年一月二十一日、岩倉使節団はアメリカの首都ワシントンに到着した。

はるばる東アジアの新興国から訪問してきたということで、行く先々で使節団は大歓迎を受けた。

そして条約改正の交渉に入ろうとしたところ、使節団が持参した全権委任状には条約改正の交渉および調印の権限が記載されていなかったので、アメリカ側から一行の交渉資格へ疑問が提起された。

そこで交渉権限を記載した新しい全権委任状の交付を本国政府に要求することを決め、大久保・伊藤の両副使が取りに帰ることになり、二月十二日、あわただしく出発した。

帰国した大久保・伊藤に対し、留守政府の副島種臣《そえじまたねおみ》外務卿の対応は厳しかった。

岩倉使節団派遣の目的は、国際親善をはかること、そして条約改正の条件づくりのために西洋文明を調査するにとどまっていた。条約改正交渉それ自体は、直接の任務となっていなかった。

使節団派遣の原則に基づき、「条約改正を外国にて決せられ候は前議にもとり、内外不都合の廉《かど》少なからず」と、岩倉使節団の軽率と無定見をきびしく批判した。困った大久保と伊藤は、いろいろと運動し、帰国後五十日もたって、五月十四日にようやく全権委任状の再交付にこぎつけた。再交付された全権委任状も条約調印は認めていなかった。

さらに政府は、外務大輔寺島宗則をイギリス駐在大弁務使に任命するとの名目でアメリカ経由で派遣し、岩倉使節団が軽挙をしないよう監視にあたらせた。大久保・伊藤はじめ岩倉たちは信用を失い、面目は丸つぶれになった。

岩倉使節団が、全権委任の範囲外だったにもかかわらず対米改正交渉を軽率・不用意に開始し、失敗したことは、使節団の旅行予定を大幅に狂わせ、留守政府側から軽率だと不信を投げかけられ、岩倉らの威信も著しく低下した。

岩倉使節団は、対米交渉が成功する見込みはなく、六カ月半に及んだアメリカ滞在での交渉を中途で打ち切り、明治五年七月十四日、大西洋を渡って、二番目の訪問国イギリスに到着した。

ところが、アメリカ滞在が長びいたために、夏期休暇の時期にぶつかり、女王や主要政治家は避暑に出かけていて会見できず、ここでも避暑が終わるまで空しくロンドンで待機しなければならなかった。

寺島駐英大弁務使は、副島外務卿に宛てて、「明後日は大使岩倉公英着の積り、英政府の右の遅着を大いに怒り、女王の謁見もなかるべし。……条約一条大失策、万国の一笑のみ」と通信している。


岩倉使節団の条約改正対米交渉の失敗は、留守政府から軽率だと不信を投げかけられ、岩倉らの威信も著しく低下し、岩倉も、三条太政大臣に宛てて「百方後悔仕り候らえども、今更いかんともなす能《あた》わず……、是よりは鉄面皮《てつめんぴ》に各国使命を遂げ候心得なり」と、今後は「鉄面皮」でいくほかないとの心境を伝えている。

対米交渉の失敗に強い衝撃を受けたのは木戸孝允で、伊藤博文や森有礼の書生論に軽率に同調してしまった失態への悔恨《かいこん》と反省を「ひたすら涙のみ」と告白し、副使就任を「一生の誤り」と「大後悔」している。

そして「才子の一時求名の説」に惑わされたと慨嘆《かいだん》した木戸から、伊藤は大久保に近づいて行った。さらに、木戸と大久保との関係は冷却し、両人は口さえきかなくなったといわれる。

このように、岩倉使節団は事実上分解し、形骸化《けいがいか》してしまい、鉄面皮で視察旅行を続けていかざるを得なかった。

この使節団の失敗も、留守政府がまた低迷していたならば、使節団一行の挫折感《ざせつかん》もある程度相殺されたであろうが、現実には留守政府の施策が予想以上に成果をあげていたのでそれとの対比もあって、使節団の立場はいっそう苦しくなったといわれる。

4　西郷留守内閣の実績

西郷が実質的に筆頭参議となった西郷内閣は、明治四年十一月（使節団出発）から六年十月の辞表提出までの二年間の内閣であった。

勝部真長お茶の水女子大名誉教授は、「実質的にわずか二年間の内閣であったが、この西郷内閣こそ最も能率的に仕事をし、社会変革を進め、政治を理想に近づけた第一級の内閣だった」と西郷内閣二年間の実績を次のように列挙している。

一、人権問題　封建的身分差別の撤廃

明治四年

八月　九日　断髪・廃刀を許可（士族の帯刀義務を解除）

十七日　切捨てを禁止

二十三日　華族・士族・平民相互間の通婚許可

二十八日　「穢多・非人」の称、廃止　同身分・職業の平民並み化

十二月　十八日　華士族・卒《そつ》の職業選択自由化

明治五年

一月二十九日　卒身分の廃止

三月　神社仏閣の女人禁制廃止
四月　九日　僧侶の肉食、妻帯、蓄髪の許可
六月　ペルー船マリア・ルース号の清国人奴隷解放事件
八月　三十日　家抱《けほう》・水呑百姓の解放、農民職業自由の許可
十月　二日　人身売買禁止、娼妓・年季奉公人の解放
十一月二十八日　全国徴兵の詔（国民皆兵制）

明治六年
二月　切支丹禁制高札の撤去

二、土地制度問題　封建制の経済面の改革。近代的土地制度

明治四年
九月　七日　田畑勝手作（作付の自由）

明治五年
二月　十五日　土地永代売買の解禁・地券渡方規則

明治六年

七月二十八日　地租改正。田畑貢納制の廃止

地券調査、地価の１００分の３の金納地租

近代的所有権（私有権）の承認

三、戸籍整備

明治五年

一月　全国戸籍調査

四、教育の普及

明治四年

七月　十八日　大学を廃し文部省をおく

明治五年

四月二十五日　教導職をおき教部省に配属させる

五月　　　　陸軍兵学寮幼年舎を改め、幼年学校とする
八月　二日　「学事奨励に関する仰せ出され書」、学制公布
　　　　　　全国を八大学区、一大学区に三二中学区、一中学区二一〇小学区
　　　　　　（五万三七六〇）とするピラミッド型
　　　　　　実施後三年にして全国に二万四二二五の小学校ができた

五、西洋文明の輸入

明治四年
十一月　　大阪―神戸間　鉄道全線開通
十二月　　東京―長崎間　郵便設置
明治五年
　四月　　東京―大阪間　電信開通
　九月　　新橋―横浜間　鉄道開通
十一月　　太陽暦採用

国立銀行条例制定

六、法治主義の導入

明治五年

十月　二日　太政官布告第二九五号〔人身売買禁止〕

十月　七日　司法省達《たっし》第二二号〔養女名目の抜道を許さず〕

十一月二十八日　司法省達第四六号（六カ条）地方官の専権で人民の権利侵害された時は、人民は裁判所に訴えて救済を求められる

第二章　政変の実体は「一の秘策」という権謀術数の政権奪還闘争

1　朝鮮使節派遣問題

明治六年五月、外務省駐在官から、釜山にある日本公館の門前に日本を無法の国と非難した提示が出され、生活物資などの搬入が朝鮮官憲によって妨害されているとの報告が外務省へ送られてきた。

この報告を受けて外務省は、「居留民《きょりゅうみん》保護のために陸軍若干と軍艦数隻を派遣し、九州鎮台に即応態勢をとらせ、その上で使節を派遣して、公理公道にもとづき厳重に談判したい」という案を正院《せいいん》（内閣）に審議するよう求めた。

閣議では、板垣退助らが外務省案に賛成し、居留民保護を名目に一大隊を釜山へ派遣すべきだと主張した。

西郷はこれに対し、陸海軍を朝鮮国に派遣すれば朝鮮の人々に疑惧《ぎぐ》の心を懐《いだ》かせることになり、吾が朝廷当初より朝鮮国に対する徳意に違《たが》うことになると反対し、責任ある大官を派遣して堂々と談判せよと主張した。三条太政大臣が、使節は護衛の兵を率い軍艦に乗って行くのがよかろうと発言したのに対し、使節は礼冠礼衣《れいかんれいい》し非武装で交渉に臨《のぞ》むべきだと主張し、その使節には自分が当たりたいと申し出た。

この閣議の時は副島種臣《そえじまたねおみ》外務卿が清国《しんこく》出張中だったため、帰国を待って審議することになった。

西郷はその後も朝鮮使節を切望し、板垣退助に支援してもらうための手紙を書いたり、清国での外交交渉に成功して朝鮮外交にも意欲を燃やしている副島外務卿に会って朝鮮使節の任務を譲ってくれるよう頼んだりした。

そして、八月十七日の閣議では西郷の朝鮮使節派遣が決められた。

八月十九日に三条太政大臣が奏上し天皇の裁可も降りたが、天皇は岩倉使節団の帰国後にさらに熟議して奏上するよう命じた。

九月十三日、岩倉使節団が一年十カ月ぶりに帰国した。

岩倉使節団が帰国すれば内決していた朝鮮使節派遣がすぐに正式決定されるものと期待していた西郷は、決定が延ばし延ばし先送りされているのにしびれをきらし、三条と岩倉に激しく抗議した。

日頃は温厚な西郷の激しい怒りに、三条と岩倉は狼狽《ろうばい》し、西郷はなぜあんなにも切迫感をもって朝鮮使節派遣を切望するのか、その理由は武力征韓を望んでいるのではとか、死願望の死に場所を求めているのではとか、さまざまな邪推《じゃすい》や当て推量も行った。

この朝鮮使節派遣問題を政治工作に利用しようとしたのが策士の伊藤であり、その政治工作に乗って留守内閣打倒の権力闘争の手段にしたのが大久保と岩倉だった。

こうして、外遊中に力をつけてきた西郷留守内閣の「新参《しんざん》」を除外し、三条・岩倉と大久保・木戸を中心とした「両公及両氏の合力」による体制を構築しようという動き、及び大久保を参議に担《かつ》ぎ出す運動など、政権奪還闘争と西郷朝鮮使節派遣問題が政争の焦点となった。

この時の争点は、使節派遣論か延期論かの形をとったが、外遊派が西郷大使派遣に反対した真の動機は他にあったと、毛利敏彦教授は次のように述べている。

岩倉と大久保の主目的は、政局主導権の奪回であった。彼らは、岩倉使節団の条約改正交渉失敗への批判を痛感していただけに、西郷の朝鮮使節行の成功をおそれた。副島外務卿の対清交渉成功の直後であり、西郷の成功も十分に予想できた。そうなれば、西郷の声望は絶大となり、留守政府の優位は決定的となって、大久保らの出る幕はなくなるであろう。そこで、西郷の朝鮮行を阻止しようとしたのである。反留守政府という点では、大久保と不仲の木戸も利害が一致した。汚職続発で没落寸前の長州閥は、目の上のコブ江藤司法卿の追い落しを切望した。大蔵卿である大久保も、江藤の大蔵省いじめに反発した。こうして、外遊派は、留守政府派の勢力をそぐべく、「征韓論反対」の口実で西郷朝鮮派遣の阻止に結束したのであった。

明治六年政変の実相については、長州派と大久保とが、江藤新平司法卿の追い落としを狙ったもので、西郷は巻き添えだったという説と、大久保が西郷を計画的に政権から追い出すことを狙ったものだという説とがある。

いずれの説でも、征韓論問題はそのための材料・口実にすぎなかったとしている。

論説の展開を理解しやすくするため、岩倉使節団の帰国から政変までを、流れとして見ておきたい。

明治六年（一八七三）

五月二十六日　大久保帰国

七月二十三日　木戸帰国

八月　十七日　西郷朝鮮使節派遣を閣議内定

九月　十三日　岩倉使節団帰国

十月　十二日　大久保を参議に任命

十三日　副島を参議に任命

十四日　西郷朝鮮使節派遣閣議

十五日　西郷朝鮮使節派遣を閣議で正式決定

十七日　大久保辞表提出、岩倉も辞意

十八日　三条太政大臣発病

十九日　伊藤が大久保へ「一の秘策」を提案
　　　　大久保が黒田清隆《くろだきよたか》・吉井友実《よしいともざね》と謀議
二十日　「一の秘策」で、岩倉が太政大臣代理に就任
二十二日　西郷・板垣・江藤・副島の四参議が、岩倉に閣議決定の上奏を急
　　　　ぐよう論争
二十三日　岩倉が閣議決定と自説とを天皇に上奏
　　　　西郷辞表提出
二十四日　天皇は岩倉説を裁可
　　　　板垣・江藤・後藤・副島の四参議辞表提出
二十五日　参議辞表受理
　　　　同日、後任の参議に伊藤博文・勝安芳《かつあわ》を任命
二十八日　後任の参議に寺島宗則《てらじまむねのり》を任命

西郷の朝鮮使節派遣についての閣議は十月十四日に行われ、大久保と岩倉が延期論

を主張し、この延期論を江藤が論破して、決定は十五日に持ちこされた。

翌十五日の閣議においても、大久保は使節延期論を主張したが、他の参議はすべて西郷使節派遣に賛成したので、三条太政大臣、岩倉右大臣は、八月十七日の閣議決定通りに西郷の朝鮮派遣を再確認し、この問題は決着した。

閣議で孤立してしまった大久保は、三条と岩倉に怒りをぶつけて、十月十七日に辞表を提出した。

岩倉は、同じ穴のむじなともいわれた同志である大久保の怒りに驚いて、大久保に続いて辞意を三条へ表明した。

そして、「稀代《きだい》の策士《さくし》」といわれた岩倉と大久保に伊藤博文が加わって巻き返しが始まった。十月十八日、三条が太政大臣としての職務に基づき、使節派遣の閣議決定を天皇に上奏すべき日に、三条は心労のあまり高熱を発して人事不省《じんじふせい》に陥った。

これは使節派遣反対派にとってあまりにもタイムリーなので、仮病説もある。

2 「一の秘策」

毛利敏彦教授は明治六年政変について、大久保・岩倉・伊藤ら外遊帰国組が、土佐・肥前系の板垣・後藤・江藤・副島ら西郷留守内閣の参議から政治権力を奪還することが目的の、「一の秘策」による権力闘争であったとして、次のように述べている。

ここで、またもや策士伊藤が登場する。かれは、大久保に、ひとつの非常手段を提案した。それは、倒れた三条の代わりに岩倉を太政大臣代理にして、閣議決定上奏の際に岩倉に独自の意見を表明させ、天皇の意思を閣議決定不裁可の方向に誘導しようとするものであった。

（略）

伊藤から説得をうけているうちに、大久保の心中にいったんは消えかかった権力意志が蘇ってきた。大久保は、表面では伊藤の献策を謝絶しつつも、陰では腹心の開拓次官黒田清隆に同種の「一の秘策」（『大久保日記』）を授けて暗中飛躍《あんちゅうひやく》を依頼した。黒田は、同じ薩摩出身の宮内少輔吉井友実を通じて宮廷工作を行い、その結果、二十日、天皇は三条邸への見舞の後に岩倉邸に臨幸《りんこう》して、岩倉を太政大臣代理に任命した。（略）

大久保は岩倉に手紙を送り、「丁卯の冬」（慶応三年十二月九日）の王政復古クーデターで、われわれ（岩倉、大久保）が「基本を開」いた政府に「難を生じ」たいま、権力防衛を「必ず御貫徹」されたいと激励した。俺がつくった政権を遅れてきた連中におめおめ奪われてなるものかという大久保の妄執《もうしゅう》が、「一の秘策」に結晶《けっしょう》したのである。もはや、朝鮮使節云々などは大久保の念頭の片隅に追いやられていたに違いない。

二十二日、それとも知らず西郷・板垣・江藤・副島四参議は岩倉邸を訪問し。十五日の閣議決定を天皇に上奏するようにと催促した。（略）

ところが岩倉は、三条と自分とは別人だから自分のやりたいようにやる。閣議決定に加えて自分の意見も併せて奏聞するつもりだと答えた。岩倉自身が三条とともに当の閣議の結論とりまとめにあたったにもかかわらず、その閣議決定に拘束されないと言い放ったのであるから、これは違法、無責任どころか、およそ常識では考えられない暴言であった。閣議決定に服したくなければ、岩倉は辞職しなければならないはずである。もはや岩倉は毒食わば皿までの居直った心境だったに違いない。（略）

故意に違法行為をするつもりだとの岩倉の発言に接して、西郷は、即座に抗議辞職を決意し、翌二十三日、辞表を提出するとそのまま東京郊外に身を隠した。ここで注意しなければならないのは、西郷が辞表を出した時点で、使節派遣についての天皇の裁定はまだ可否いずれとも下されていなかったことである。言い換えれば、使節問題の結論が出る前に、西郷は辞意を表明したのであった。西郷が征韓論に敗れて下野《げや》した云々の俗説が史実に反することは、この点からも明らかであろう。西郷は、右大臣にあるまじき岩倉の不法な意図に抗議の意思表示をしたのであった。（略）

西郷使節派遣は、八月閣議と十月閣議の二度にわたって正当な手続きを履んで議決された案件であるから、天皇がそれを裁可しなかったことは当然に正院不信任を意味する。したがって天皇の信任を失った三条太政大臣以下の正院メンバーは総辞職しなければならないはずであった。そして、板垣退助・後藤象二郎・江藤新平・副島種臣の四参議は、天皇裁可の内容が判明した二十四日、辞表を提出して潔《いさぎよ》く政府を去った。彼らの辞表提出が西郷と一日ずれていたことに注意すべきである。それは辞表提出の理由に深く関わっている。

こうして、「一の秘策」の無法が罷《まか》り通り、政府は大分裂、大久保のクーデターは、相手が合法性を尊重したので予想以上に成功した。いわゆる「明治六年政変」であるが、これが「征韓論政変」でなかったことは叙上の事実が証明している。

明治六年政変で下野した参議の板垣・江藤・後藤・副島らは、「民撰議院設立建白書」を左院に提出し、同志を募って「愛国公党」を結成し、自由民権運動へ乗り出した。

この建白書の冒頭には、「臣ら伏して方今政権の帰する所を察するに、上帝室《かみ》に在らず、下人民《しも》に在らず、しかも独《ひと》り有司に帰す。それ有司、上帝室を尊ぶと曰《い》はざるには非ず、しかも帝室漸くその尊栄を失ふ。下人民を保つと云はざるにはあらず、而《しか》も政令百端、朝出暮改、政刑情実に成り、賞罰愛憎に出づ。言路壅蔽《ようへい》、因苦告《つ》ぐるなし」と記されている。

これは、要路の大官たる有司《ゆうし》が専制《せんせい》し天皇や人民の意思もないがしろにされているというもので、この有司専制による国民の困苦を救うには、天下の公議をさかんにする民撰議院を設けて「有司ノ権限《かぎ》ル所アッテ、而シテ上下其ノ安全幸福ヲ受クル者アラン」と主張した。

この建白書と、天賦《てんぷ》人権論を基調とした綱領を掲げた愛国公党の結成は、有司専制への攻撃として政府内にも波紋を広げ、全国に広大な反響を呼び起こし、賛否両論の嵐が巻き起こった。

ここで、明治六年政変での起死回生の陰謀といわれる「一の秘策」について、毛利教授と基本的に同じような考え方に立ち、さらに諸資料について、法曹の実体的真実発見の手法を活かして詳しく分析検討し、「一の秘策」の陰謀の実態を解明した川尻政輝氏の論説も見てみたい。

「征韓論の再検討について」、「西郷隆盛は征韓論者にあらず」などの研究論文のある弁護士で第二東京弁護士会役員・日弁連役員や、関東鹿児島県人会連合会副会長などを歴任した川尻政輝氏は、『大久保利通日記』の明治六年十月十九日に「此上の処、他に逸回の策なしといえども、只一の秘策あり」とあることについて、この「只一の秘策」とは、これまでは発病した三条実美を岩倉具視に代わらせて天皇補弼《ほひつ》の全権を握った岩倉を、大久保利通らに都合のいいように天皇に上奏させて、西郷隆盛の「遣韓使節」の閣議決定を延期させるか、あるいは取り消させて白紙に戻すことであったというのが定説になっていたことに対し、政権奪還のための不正義・無法な秘策であったと、次のような真相を究明する鋭い論旨を展開されている。

「只一ノ秘策」は、既に閣議で決定していた西郷隆盛の「遣韓使節」を、天皇の裁可権を利用して閣議どおりには裁可されないように仕向けて葬《ほおむ》り去ることで、明治政府の主導権を取り戻す秘策であった。そのために三条実美を重病にしたてて同人の辞意表明を偽って明治天皇へ上奏することによって、岩倉具視を三条太政大臣の代理に任命させることであった。これは明らかに違法行為をやろうとする謀略である。

この結果を大久保利通は、明治六年十月二十日の日記に、ただ一行だけ「今日無事」と記している。これは何を意味するかといえば、それは大久保利通にとって「只一ノ秘策」が今日までことごとく無事に成功したことを意味する。

ところが大久保利通にとって無事に成功したことが、黒田清隆には先輩で、かつ親友の西郷隆盛を裏切ったことになり、明治六年十月二十二日、黒田は血を吐くような言葉で大久保に次のようにそのときの心境を吐露《とろ》した手紙を送っている。

「今日ニ立至リ退テ篤ト我心事追懐候ニ、大ニ西郷君へ対シ恥入次第《はじいるしだい》、又、岩公並閣下へ地ヲ替ヘテモ全ク信義ヲ失シ実悲傷スル計ニ御坐候。西郷君トハ兼《かね》子テ死ハ一緒ト、又従来恩義モアリ傍《かたわら》我心ヲ向ヘバ面皮《めんぴ》モ無之《これなく》、不得止事ノ策トハ乍申《もうしながら》如何シテ同氏へ謝シ候様無之、恐入ノミニテ最《も》ウハ実行ヲ以テ他日地下ニヲイテ謝スルノ外無之《これなき》ト決心罷在《まかりあり》候。爾来《じらい》ハ誓心、好物《かんぶつ》等敷《らしき》所行、天地鬼神へ懸《か》ケ不致様《いさざすよう》、奉祈候《いのりたてまつりそうろう》」

また岩倉具視も、大久保利通に対し天皇への上奏の前日、「実、恐怖ノ至ニ有候得共、不抜ノ一心、必、貫徹ノ覚悟」（十月二十二日付書簡）と記している。
この「恐怖ノ至ニ存シ」という岩倉具視の心境（恐怖心）は、どうして抱かせたのか。岩倉具視が重病の三条実美を代理するだけのことであれば、この地位は当時の職務権限として認められていたので、このことは岩倉に恐怖心を抱かせることではなかった。その裏に大久保利通らとの秘策があったからこそ、岩倉具視は「恐怖ノ至ニ在シ」という恐怖心に悩まされるものがあったと考えられる。

（略）

西郷隆盛は、明治六年十月二十二日に板垣退助、副島種臣、江藤新平らと太政大臣代理になった岩倉具視を訪ね、朝鮮使節派遣の閣議決定を天皇に上奏する手続きを強く要請したが、その前日に岩倉具視は大久保利通らと明治六年十月十五日の西郷隆盛の「朝鮮使節派遣」の閣議決定を転覆するための謀議を重ねていた。

そのことを大久保利通は明治六年十月二十二日付書簡で「さりながら不抜の御忠誠、必ず御貫徹あられ候事と毫《ごう》も不容疑候」と、先手を打っていたために岩倉具視も西郷隆盛らに対し「閣議決定は、そのとおりに上奏するが、三条は三条、自分は三条とは違う、自分は延期を進める」と答えた。

また江藤新平が「代理役が自分の意見を加えるのは越権、違法である」と反論したが、岩倉具視はこの意見も無視した。

岩倉具視が、西郷隆盛らの強い要請を拒否し続けたのは、大久保利通・伊藤博文らがこの間太政大臣の代理の地位になった岩倉具視を支援し続けていたからであった。そのことが大久保利通の十月二十二日付の岩倉具視への手紙にいう「不抜の御忠誠、必ず貫徹あらせられ候こと」である。これに対し岩倉具視も十月二十二日の返書で、西郷隆盛らが明治天皇に直接に遣韓使節派遣の裁可を求めて面会する時は、天皇に面会を拒絶するように徳大寺宮内卿の返書を添えて大久保利通に送っている。

そして明治六年十月二十三日午前九時頃、太政大臣代理の岩倉具視は、西郷隆盛の「朝鮮使節派遣」を明治天皇へ上奏した。

川尻氏は、この岩倉具視の口頭上奏が「口演の大要」として残されている記録を検討してみて、岩倉具視は十月二十四日の閣議では、遣韓使節をにわかに派遣すべきでないという三条と岩倉の発言に対し、西郷を除くすべての参議が同意したと上奏している。

だが、これは閣議に出席した多数の参議の意見とは逆のことを上奏している。このことで、岩倉が閣議の内容を偽って上奏したことが明らかになったとして、次のように論じている。

このように太政大臣代理の岩倉具視は、大久保利通や伊藤博文らと事前に計って西郷隆盛の「遣韓使節」を葬り去るために虚偽《きょぎ》の上奏を行ったのである。したがって大久保利通の「只一ノ秘策」は、西郷隆盛の「遣韓使節」を、太政大臣の天皇輔《ほ》弼《ひつ》権《けん》と天皇の裁可権《さいかけん》を利用することで葬り、明治政府の主導権を取り戻す「秘策」であったと言える。この結果、適正な手続に基づく国家の閣議決定（政策決定）が、不正義・無法な「只一ノ秘策」によって踏みにじられたのである。（略）

大久保利通の究極の目的は、遣韓使節の閣議決定を葬り去ることで西郷隆盛の辞表提出を誘引し、それに伴って四参議の辞表提出に及ぶ結果、明治政府から土佐・肥前派参議を排除することで主導権を取り戻すことであった。このように大久保利通の「只一ノ秘策」の目的は、西郷隆盛の「遣韓使節」を阻止することで王政復古以来の明治国家を創設してきた明治政府の主役であった大久保らが、後からの新参者である板垣、副島、江藤らにその主導権を奪われてなるものかという赤裸々《せきらら》な政治闘争であったと言える。

そしてこれこそ「征韓論政変」に隠された「明治六年政変」の真相であったと言える。

日本政治史の謎である明治六年政変の「大久保利通、只一の秘策あり」について、川尻政輝氏が実体的真実の発見を目指す法曹の特性を活かされて、日記、書状、記録などで、通説論者が重要な証拠価値を見過ごしていた文献を詳細に検討分析され、西郷隆盛の遣韓論使節を葬り去り、それによる西郷の辞表提出と、板垣退助、江藤新平、後藤象二郎、副島種臣ら四参議の一蓮托生《いちれんたくしょう》の辞表提出誘引《ゆういん》を狙った権謀術数《けんぼうじゅっすう》の権力闘争である「一の秘策」の内容を究明されたことで、西郷内閣からの政権奪還闘争であったこの政変の本質が、一層明らかになってきている。

第三章　政変の標的は、大久保利通・伊藤博文の江藤新平司法卿の追放か

1　佐賀の乱

明治六年の「一の秘策」によるクーデターは、標的として江藤新平を狙ったものとして二つの根拠があげられている。第一は、戊辰《ぼしん》戦争で長岡藩を挑発して北越《ほくえつ》戦争を引き起こした前歴のある岩村高俊《いわむらたかとし》を、大久保は佐賀県権令に任命し、佐賀県士族集団を挑発して佐賀の乱を起こさせたことである。第二は、反乱の首謀者として江藤を逮捕するや、死刑判決は、本省の裁可を受けなければできない府県裁判所である佐賀裁判所において、江藤に陳述もほとんどさせず弁論の機会も与えないまま、上訴も認めず、わずか二日間の形式的な暗黒裁判で処刑を強行したことである。

この佐賀の乱から江藤の処刑までを、具体的に見ることにしたい。

明治六年政変後の十二月、佐賀が反政府活動で騒然となってきたので、地元から、

副島と江藤に帰県して鎮撫指導《ちんぶしどう》にあたってほしいと頼んできた。

副島も江藤とともに帰県して鎮撫に務めるつもりだったが、板垣が「帰県すれば、郷党の暴発を抑えるどころか、逆に引っぱりこまれるだろう」と自重《じちょう》を促したので、副島は残留することになった。

板垣だけでなく、大隈も「ミイラ取りがミイラになる」と忠告し、政敵だった木戸まで心配して江藤の帰県に自重を促した。

「民撰議院設立建白書」に、江藤とともに署名者となっていた後藤象二郎は、幕末に公議政体派《こうぎせいたいは》として討幕派の大久保との間に権謀術数《けんぼうじゅっすう》の権力闘争をやってきた経験から、大変心配して佐賀へ帰る江藤の汽車へ同乗し、「やめた方がいい。大久保の罠《わな》にはまるようなものだぞ」と中止の説得を横浜へ着くまでしたが、江藤はその説得をきかず、横浜から汽船に乗って佐賀へ帰っていった。

江藤は、明治七年一月二十六日、故郷の佐賀に入った。

一月二十八日、参議兼内務卿の大久保は、岩村通俊《みちとし》佐賀県権令《ごんれい》を更迭《こうてつ》し、後任に弟の岩村高俊《たかとし》を任命した。更迭された岩村通俊は、のち西南戦争の難しい時期に鹿児島県令になり、薩軍戦没者の墓地の整備に尽力して民心の安定に努めたり、初代北海道庁長官として北海道の拓殖政策を推進した人物である。

次男の林有造《はやしゆうぞう》は、自由民権運動では板垣退助の同志で土佐立志社の中心人物でもある。

ところが、この三男の岩村高俊は、戊辰戦争の時、東山道総督府軍監として越後小《お》千谷《じや》の慈眼寺《じげんじ》で、長岡藩の家老河井継之助《かわいつぎのすけ》と会談し、中立政策を懇願《こんがん》する河井の陳情に対し、「まず軍資金と藩兵を差し出せ、さもなければ砲煙の中で相見《まみ》えるだけだ」と一蹴し、挑発して、戊辰戦争最大の北越戦争を引き起こし、凄惨《せいさん》きわまりない北越戦争を体験させられた政府軍内で、河井の相手に岩村を会わせたのが大きな失敗だったと反省材料にあげられている人物である。

長州藩は、幕末維新で二千人の殉難者《じゅんなんしゃ》を出したが、岩村が引き起こしたこの北越戦争では四百人が戦死し、少年隊も二百人近く戦死している。

木戸が、「人もあろうに、選《え》りに選って、岩村のような人物ではかえって事態を悪化させる」と反対したが、大久保は、傲岸無礼《ごうがんぶれい》で挑発に適材の岩村高俊を起用した。

三条太政大臣の依頼で、説諭鎮撫《せつゆちんぶ》のため帰県して行った「武士道とは死ぬことと見つけたり」の葉隠精神で古武士風格の元侍従の島義勇《しまよしたけ》は、岩村が「佐賀の士族どもが兵事を盛んに論じているようだが、わしが猛断をふるって一網打尽《いちもうだじん》にしてやる」と広言し、文官が鎮台兵を率いて佐賀へ赴任するという傲岸不遜《ふそん》な言動に憤激し、挑発に乗って江藤と協力して郷土防衛のため決起した。

「佐賀県で暴動発生」の報に、参議兼内務卿の大久保は、三条太政大臣から佐賀鎮圧のため軍事・司法・行政の全権委任状を受け、二月十四日に東京を出発し、十九日に博多に本営を置いた。

内務卿については、参議兼文部卿の木戸が兼務することになった。

岩村の挑発に乗せられて挙兵した憂国党・征韓党の数千人の佐賀軍は、岩村権令率いる政府軍を破ったりしたが、熊本鎮台兵に加えて、東京・大阪・広島の鎮台兵が集結し、大砲四門と豊富な武器弾薬での攻撃の前に敗れ、二月二十八日に政府軍が佐賀城に入り、抗戦は終わった。

これが佐賀の乱の通説だが、佐賀の乱百三十年に当たる今年、『再考・佐賀の乱』ということで、毛利敏彦大阪市立大学名誉教授が、士族反乱ではなく、大久保利通が政敵江藤新平の抹殺《まっさつ》を狙った陰謀であるという史実に基づいた新説を発表されたことが、「毎日新聞」で紹介された。

それによると、佐賀の乱の事件の根底には、「人権の父」と謳《うた》われた江藤に対する大久保の異常なまでの嫉妬心・敵対意識、直前一月に江藤らが出した「民撰議院設立建白書」への恐怖心・危機感が見え、大久保の意を体した佐賀県権令岩村高俊が、士族動揺は沈静化していたのに、強引に仕掛けた戦争で、最大の政敵だった江藤に反乱者の汚名を着せ、佐賀士族もろとも抹殺《まっさつ》することを狙ったものであるという内容である。

史実的な証拠として、次のような要旨を述べている。

「佐賀の乱は不平士族の反乱とされ、明治七年一月に佐賀士族の間に暴動の兆、不穏の形勢があり、一月中下旬には江藤の帰郷で士族が勢いづき、二月一日にはついに官金を略奪するに至った。そのため二月三日、佐賀県士族が太政官御用金融機関小野組佐賀出張所から官金を略奪したとの福岡県から内務省への電文により、太政官（政府）は、翌日の四日に出兵鎮圧命令を発した、ということになっている。

ところが太政官が授受した全文書を収める基本公文原簿（国立公文書館蔵）には、四日の出兵発令後の七日発で現地から、「金皆アル」・「安心セヨ」との電信報告があり、十一日には一時停止していた県庁出納業務も再開したなどとの注目すべき電文三通がある。現地の小野組関係者の認識では「官金を略奪」云々に類する深刻な事態は発生していなかったわけで、出兵を要する事由はなかった。佐賀の乱の発端となった福岡県発電報からして謀略の疑いが濃い」と。

2　江藤新平への暗黒裁判と刑執行

次に、処刑権限と刑事手続きについて疑惑を持たれている大久保の江藤処刑強行について、詳しく調査研究した二人の作家のノンフィクションを参考に考察してみたい。

一つは、裁判などについても、ニュージャーナリズムの手法を駆使《くし》して社会の暗部を描き続ける直木賞作家佐木隆三《さきりゅうぞう》氏の『司法卿江藤新平』の指摘である。

明治七年三月二十八日、江藤新平は、鹿児島を経由して逃れた高知の甲ノ浦で、ついに捕縛された。このとき江藤は、「謹んで刑につくことは、よく心得ている」と書状に認《したた》めており、「みずからなせる罪の次第と、一片の寸心を申し上げるために、東上の道行ができるように、ご沙汰をいただきたい」と、つよく望んだのである。

三月二十日、太政大臣の三条実美は、二月十日付で発布した「全権委任状」について、第一条但書に「死刑といえども、臨機に処分のこと」とあるのを取り消し、佐賀にいる大久保利通へ、電報で指令した。

《罪人の処刑については、従前どおり、内務卿へ取り計らうべし》

この時点の内務卿は木戸孝允である。

二月二十三日の佐賀征討令により、総督に東伏見宮嘉彰親王《ひがしふしのみやよしあきしんのう》、参軍に山県有朋（陸軍中将）と伊東祐磨《いとうすけまろ》（海軍少将）が任命されているから、すでに大久保利通は非常時の大権を持たない。

四月三日、高知の江藤新平は、大久保が独断で差し向けた軍艦「猶龍」に乗せられ、佐賀へ向かって護送された。

四月五日、太政官正院は佐賀裁判所の開設を公布した。司法権大判事の河野敏鎌《こうのとがま》が、「将来にわたって不逞《ふてい》のやからが出没横行するおそれがある」と府県裁判所の新設を上申し、佐賀出張中の大久保利通からも、「いそぎ当県へ裁判所を置いて、官員を派遣されたし」と、催促したからである。

この日、佐賀にもうけられた裁判所は、府県裁判所の一つで、臨時裁判所ではない。司法省職制章程に、「府県裁判所は、『流刑』以下を処断して、『死罪および疑獄』は司法卿の裁可を受ける」と定めている。

参議にして文部卿兼内務卿の木戸孝允は、佐賀へ護送される江藤新平が佐賀裁判所において死刑判決を申し渡されても、司法卿の大木喬任《おおきたかとう》の裁可を受け、さらに内務卿へ取り計らうべきであるから、ただちに執行されるなど、夢にも想わなかった。

もう一つは、大伯父に当たる江藤新平の伝記を書こうと、昭和二十九年から三十数年の歳月をかけて、図書館や古書店の膨大な書籍の中から、「事実を探究することによって真実を見出すことができる」と「明治大正新聞集成」など伝記の裏付け史料を調査し、特に大正三年十一月発行の的野半助著『江藤南白』（上下二巻）と毛利敏彦著『明治六年政変の研究』を柱に、ノンフィクションとして書き上げたという鈴木鶴子氏の『江藤新平と明治維新』からである。

中央で、三条太政大臣をはじめ大木喬任、寺島宗則などの参議や、下野した副島種臣、板垣退助、後藤象二郎などの元参議が江藤助命に向けて動き出し、東伏見宮嘉彰親王を征討総督に任じ、大久保に委任されていた兵・政・刑の三権を取り上げて宮の権限に移したので、大久保に死刑処罰の権限がなくなったという指摘は、佐木隆三氏と同じである。ところが大久保は、兵・政・刑の三権が宮の権限に移ったことを逆手に取り、宮の名を利用して江藤処刑を強行した。

このいきさつについて、膨大な維新関係資料を調査し真相を追究したこの著書は、謎と真相を解明した大変な労作であり、多少長くなるが、その要旨を辿りながら、大久保の政敵江藤への対応を考察してみたい。

大久保利通が側近をひきつれて佐賀城に入ったのは明治七年三月一日午後二時ごろであった。（略）

このころ東京政府でも、大久保の独走を牽制《けんせい》するため、二月二十三日付をもって東伏見宮嘉彰親王を征討総督に任じた。三月一日嘉彰親王が東京を出発するにあたって、大久保が任《まか》されていた兵、政、刑の三権はすべて東伏見宮征討総督に移譲すべき正式の公文が、三条太政大臣の名によって出されたのである。東伏見宮は三月八日博多港着、三月十四日佐賀入りした。その間に大久保は電信で、三条太政大臣から大久保が兵、政、刑の三権を一手にまかされたとき受けた委任状の第一項の但書について太政官に照会してきた。その第一項とは、「凶徒犯罪判然たる上は、捕縛処刑之儀は勿論、臨機兵力を以て鎮圧之事。但、死刑と雖も臨機処分之事」というものであった。太政官で心配したのもこの但書であった。太政官はただちに、この但書の件も征討総督の宮の権限であると応答した。

このように東伏見宮の征討総督就任によって、大久保は新平を死刑にする権利を取りあげられた。しかし天皇を「玉《ぎょく》」と称して利用してきた大久保である。東伏見宮が、ヨーロッパ留学から帰国したばかりで二十歳になったばかりの青年であるのをよいことに、江藤を葬るため「征討総督《せいとうそうとく》の宮」の名を最大限に利用したのである。（略）

大久保にとって、新平が東京へ行き、東京で裁判を受けることは、どんなことがあっても阻止せねばならなかった。東京では、大久保の留守中に、政府の空気は次第に江藤に同情的になってきた。三条太政大臣は勿論のこと、寺島、大木といった現参議も江藤を殺さぬよう主張し、副島、板垣、後藤ら退職した元参議は、自己の功とひきかえに江藤の罪を贖《つぐな》うことを政府に訴え出た。東京にいる伊藤から逐一情況の報告をうけていた大久保は、なんとしても新平を我が手で捕え、我が手で死刑にせねばならなかった。そのため総力を挙げての大捜査網を敷いたのである。それは九州一円はもちろん、四国、中国から遠く清国にまで及ぶものであった。この捜査組織こそ、新平がはじめて西欧の警察制度を導入して作り上げたものであった。

（略）

元来廟議《びょうぎ》は、江藤を東京に連行し、禁錮《きんこ》の刑を科する意向であった。佐賀においては、ただ予審《よしん》のみを行わせるため、元参議である江藤新平を審理する地位を持たない権判事河野敏鎌と権大検事岸良兼養《きしらかねやす》を派遣したのである。とくに河野は江藤家の元書生であり、新平からは深い恩義を受けていたから、岩倉右大臣、大木司法卿からは、出発にあたって、新平の身柄に対しては、特別に配慮するよう申し聞かされていた。（略）

明治七年四月五日、佐賀城内に臨時裁判所が設けられた。裁判長が大判事河野敏鎌、大検事岸良兼養、大解部山崎万幹、権大解部増田穂風のメンバーで、河野、岸良は権がとれて大判事、大検事となった。形ばかりは整ったが、新平が司法卿として整備した裁判制度は行われず、十分な尋問や審議もなければ、傍聴人も代言人（弁護士）もなく、控訴、上審の途もなかった。

捕縛したものから順次、取り調べを始めたが、法廷となった城内二の丸大手門前には、数十人の官吏と巡査、獄卒が、拷問の責め道具を並べたてて威嚇し、封建時代の暗黒裁判そのままの情景であった。（略）

四月十三日の早朝五時、新平は獄卒によって法廷召喚を告げられた。五体をがんじがらめに縛られ、周囲を獄卒にかこまれた新平が、佐賀城内二の丸大手御門前に設けた「臨時佐賀裁判所」の大玄関前にひかれて行った。（略）
裁判は口供書の朗読から始まった。まず新平の口供書を読みあげ、拇印を押させた。山中、中島らが、口供書の内容に違うところがあると異議を申し立てて押捺を拒み、新平がたしなめて押させたのは、このときである。新平は、その日判決が下されるなど、思いも及ばなかった。予審裁判だとばかり思っていたからこそ、山中や中島をたしなめたのであった。

一方大久保は処刑を急いでいた。遅ればどのような邪魔が入るかわからない。現に岩倉からは「江藤を死刑にしないように」という手紙を持った使いが来ているのである。

大久保日記によると、最初の裁判の日である八日に、東伏見宮に伺いをたてたところ、「御異存これなく」とあるが、宮は、あまりにも性急な判決に躊躇《ちゅうちょ》され、「今少し待て」と三日間は許されなかったようである。なぜなら、四月十二日、すなわち新平の死刑執行の前日の大久保日記に、河野敏鎌、岸良兼養が江藤、島一党の罪を断ずるよう伺書を持参してきたので、「岩村、山田、武井一同、宮へ出頭、裁決を乞う。伺《うかがい》の通り相済み、口書一席にて読上げ、終って河野子（氏）へ返す」とある。このように周囲が大久保に荷担《かたん》して、新平の断罪を迫れば、年若い宮がいつまでも反対することはできなかった。ただ、大久保が、新平の斬首の刑を、一般の罪人同様に行わせようとしたのには、強く反対された。

「江藤、島のごとき功臣であったものに対して礼儀に反する」

というのであった。そこで、特に巡査の中から、新平には、大分県竹田出身の士族野口重臣が選ばれ、用いる刀も、肥前忠吉の銘刀が用意された。

一同が口供書の拇印を押し終えると、新平はまた縄をかけられ、大玄関前の荒むしろの上に引き据えられた。縄尻を一人が持ち、何人かがまわりを囲んでいた。

「其方儀、朝憲を憚《はばか》らず、名を征韓に托して党与を募り、火器を集め官軍に抗敵し、逆意を呈す科に依《よっ》て、除族の上、梟首《きゅうしゅ》申付る」

不意打ちであった。（略）

誰よりも法律にあかるい新平が、法律に反して破廉恥罪を科せられて、ただ黙っ

ていることはできない。縄尻を取られたままパッと立ち上がると、「私は……」と怒号した。（略）

大久保は河野に命じて、新平が法廷で何の発言もできないように、万全のそなえをしていたのであろう。その夜大久保の日記に、

「四月十三日、今朝出張、裁判所へ出席、今朝江東以下十二人断刑に付、罪文申聞を聞く、江東醜体笑止なり」

と、政敵の死を嘲《あざけ》った。その日のうちに、新平の刑は行われていたのである。（略）

新平は、刑場に向かうときには、すでにおだやかな表情にもどり、山中や香月らと微笑をかわしたという。

国を思ふ　人こそ知らめ　丈夫《ますらお》が

心尽しの　袖の涙を

が辞世の歌であった。

死に臨んで、新平は同じ言葉を三度、声高く叫んだ。

「ただ皇天后土の、わが心を知るあるのみ」

と。数え年四十一歳であった。

それは勤王の志士の壮絶な死であった。大久保はその日の日記に「今日は都合よく相すみ大安心」と書きそえたのである。

征討総督東伏見宮嘉彰親王は、大久保が征討総督の自分をさしおいて、新平の死刑執行を決めてしまったことを怒ったらしい。その日、死刑が行われたと聞くと、突然佐賀をたち、早津江から船で出発したのである。新平処刑に対する反対の意思表示であった。行き先も明らかではなかった。大久保日記のつづきに、「今日、午后一時、宮、御出艦、長崎へ御着の筈《はず》」とある。（略）

新平と島の首は、城内から西に四キロほど離れた嘉瀬川近くの千人塚にさらされた。（略）

大久保が、新平の死後、江藤、島のさらし首の写真を、内務省はじめ各官庁の壁に展示したとき、これに公然と反対して、ただちに引きおろしたのは、内務大丞の河瀬秀治ただ一人であった。河瀬は、木戸孝允の夫人の妹を妻にしていた人である。そのことがあったためか官界を去った彼は、のちに本郷に伝導所を建て、仏教の布教に努めて晩年を過ごした。

二人の作家のノンフィクション作品で具体的に描かれ指摘されているように、大久保が政敵である江藤に対する度を越した憎悪と超法規的処刑が、明治六年政変は大久保が江藤を標的としたクーデターといわれる理由でもある。

福沢諭吉も、「佐賀の乱の時には断じて江藤を殺して之を疑はず、之に加えこの犯罪の巨魁を捕えて更に公然たる裁判もなく、其の場所に於て、刑に処したるは、之を刑と云うべからず。其の実は戦場にて討ち取りたるものの如し。鄭重《ていちょう》なる政府の体裁に於て大なる欠典と云うべし」と批判している。

黒田清隆も、三条実美・岩倉具視宛の書簡で、「……旧参議等の刑戮に処せられ候儀、外国に対し、すこぶる恥ずべきの御事と顧慮《こりょ》仕候得共……」と、大久保利通が江藤新平に対して行った暗黒裁判と野蛮な刑執行が、欧米諸国の日本への評価を低下させた恥ずべきことと述べている。

また『自由党史』も、「江藤の獄を治するに当り、内務卿大久保利通、特に佐賀に至り、之を処分するに苛察《かさつ》を極《きわ》む。是を以て、当時我国に駐劄《ちゅうさつ》したる外国使臣ならびに居留民等、頗る我司法権の独立を疑ひ、為に不平等条約改正の事業に障碍《しょうがい》を与ふるに至れり」と記述している。

このような、国内のみならず国際的にも非難されるような野蛮な裁判と刑執行、正当な法定刑事手続を無視して大久保が江藤を処刑した凄《すさ》まじい権力闘争の実態を見ると、明治六年政変は征韓論という外交政策の対立であったという通説が、いかに空ぞらしいきれいごとの説明であるかを感じさせられる。

それに、江藤の推進した法治主義や疑獄捜査の挫折、江藤系司法官僚の退陣など、政変後の一変した状勢もある。

江藤が司法省を去るや、太政大臣代理岩倉具視は、「特命を以て」槇村の拘留を取り止めるよう司法省に命令した。法治主義の実現に邁進していた司法大輔福岡孝弟《ふくおかたかちか》、島本仲道《しまもとなかみち》、樺山資綱《かばやますけつな》たち司法省首脳は、正当な法的手続きに基づく槇村の拘留を、超法規的圧力で取り消されたのに憤激《ふんげき》し、次のような抗議文とともに、このような政府の下では職務を行えないと辞表を提出した。

「京都府参事槇村正直拒刑の罪あり、……政府特命を下して其の〔槇村の〕拘留を解く、臣等驚き且つ怪しむ、……拘留繋獄《こうりゅうけいごく》一に裁判所の権力に在り、恐らくは政府といえども私する所にあらず、……而して特旨の下る所以のものは……或は怪む陰に〔槇村〕正直を庇護《ひご》する者ありて是に至るか。（略）

今もし政府愛憎《あいぞう》を以て法憲軽重するが如き曖昧倒置《あいまいとうち》の挙措《きょそ》ありと誤認《ごにん》せば、則ちいわん国家の大臣信ずるに足らざるべしと……政府何《いずくん》ぞ独り〔槇村〕正直に寛《かん》にして人民に酷なる、……是れいわゆる路に豺浪《さいろう》を遺《のこ》して野にある狐狸《こり》を問うの類なり」

福岡孝弟は、維新政府の参与として「五箇条《ごかじょう》の御誓文《ごせいもん》」の起草に当たり、「列侯会議を興し万機公論に決すべし」は、孝弟の見解に基づいたものといわれ、土佐藩を代表する人物の一人だった。

明治八年三月、板垣が参議に復帰した後、孝弟も元老院議官に就任し、文部卿や参議を歴任した。

島本仲道は、江藤新平の信頼最も厚く、司法大丞、大検事、警保頭を務め、最初の近代刑法「新律綱領《しんりつこうりょう》」の制定に尽力した。人となり精悍剛直《せいかんごうちょく》で、長州閥高官へも果断な疑獄捜査を行った。政変後、板垣退助の自由民権運動に参加し、弁護士活動も行っていたが、明治十年、西南の役が起こると十カ月間投獄され、二十年には政府の保安条例で三年間東京郊外に退去を命ぜられた。『青天霹靂史《せいてんへきれきし》』、『大塩平八郎伝』、『夢路の記』などの書も著したが、放浪中、心臓病で没した。学問と雄弁とをもって司法省随一に推され、今で言えば検事長兼警視総監を務めた人物としては、江藤司法卿の信任厚い腹心だったため不遇な人生を送った。

同じく江藤の信任厚く司法少丞などを務めた河野敏鎌《こうのとがま》は、佐賀の乱の裁判長として、大久保の命令通り暗黒裁判で恩人の江藤を梟首の極刑に処した功績で累進し、法制局長官、農商務・司法・内務・文部の各大臣を歴任している。

江藤司法卿を信奉する者には弾圧が待っており、大久保の命令に従う者には出世の道が開けていたことを、島本仲道と河野敏鎌の対照的な実例は示している。

第四章　ロシアとの摩擦回避へ樺太放棄の内治急務論と樺太領有・外征論

1　はじめに

征韓論政変といわれてきた明治六年政変には謎が多い。

明治から昭和時代にかけて活躍した著名な言論人・評論家で、歴史家として「近世日本国民史」百巻の大作を書き、そのうち、所謂《いわゆる》征韓論分裂から西南戦争の城山陥落まで十二巻（六千頁）を費やして詳しく書いてきた徳富蘇峰《とくとみそほう》も「征韓論は史上の一大疑案として、今後も更に、この問題について史識と史実とを試むる者あるべきは予が切に待望するものである」と述べている。

征韓論を熱心に唱えていたのは、長州派の総帥木戸孝允だった。

長州というところは、地理の関係もあって、昔から朝鮮に関心のあったところで、吉田松陰も征韓論を唱えていた。朝鮮の地理的位置が、あたかも日本列島の胴中に匕首《あいくち》を突きつけたような形になっていることから、欧米勢力が日本に迫って来る時代となっては、ここを日本の親和地帯あるいは勢力圏にしておかなければ、日本の安全が脅《おびや》かされるというのが、松陰の論旨だった。木戸もその影響を強く受けていたようである。

それと、日本が外部からの侵略の危険に曝《さら》されるのは、つねに朝鮮半島南部が敵対的勢力の手に陥ちたときである。七世紀に唐《とう》軍が百済《くだら》を滅《ほろ》ぼしたとき、十三世紀に蒙古《もうこ》が高麗《こうらい》を征服《せいふく》したとき、大陸の超《ちょう》大国の脅威が朝鮮半島南岸に及んだが、日本の歴史でこの二回だけ、日本は九州に堡塁《ほうるい》を築き本土防衛を固めている。

朝鮮問題というのは地政学的にも日本の安全に重要で、征韓《せいかん》論で行くか、遣韓《けんかん》論で行くかにしろ、ロシア南下の脅威に対抗するため国交を結ぶ必要があった。ロシアの侵略的南下の脅威について、熱心に対策を考えていたのが外務卿副島種臣《そえじまたねおみ》だった。

樺太《からふと》（サハリン）の国境問題についてもロシア領のポシェット湾まで出張して調査したり、朝鮮問題についても外務省官吏と熱心に論議していた。

副島の屋敷は越前堀《えちぜんぼり》にあって、西郷の屋敷に近いので、時々出かけては語り、西郷は大いに傾聴《けいちょう》したといわれる。

西郷はこれを朝鮮だけの問題とは考えなかった。彼は日本の将来の大患はロシアであると思っていた。ロシアは必ず満洲《まんしゅう》・朝鮮を侵略し、日本の大脅威となるに相違ないと思っていた。

重厚誠実で熱烈な国権主義者でもあった副島外務卿の全樺太領有に向けての北樺太買収論は、遣韓使節とともに西郷筆頭参議との共通認識の下に推し進められたもののようである。

後年、明治十七年に岩倉具視《いわくらともみ》は、病死の前に、見舞いに来た副島種臣に対し、「あのとき、西郷さんを朝鮮に行かせればよかった。一生の不覚だった。」と語ったという。これは岩倉の長く気にかかっていた本心からの告白だろう。

さらに、「征韓論争」の仕掛人とか、「一の秘策」の提案者ともいわれる伊藤博文が、晩年、暗殺される直前に、「南洲《なんしゅう》翁の議論はこのさい大義名分を明らかにしておこうという使節派遣論で、決して征韓ということではなかった」と語ったとのことである。（樺山資英『伊藤公最後の南洲談』『日本及び日本人』明治四十三年

九月号所載《しょさい》）

遺韓使節と樺太確保論・放棄論との関係を通しての明治六年政変について、さらなる探究が必要なようである。

2　明治六年の三大外交課題

明治六年政変は、朝鮮使節派遣問題だけが大きく取り上げられているが、外征の可能性のある課題として、ロシア問題として樺太《からふと》国境画定と現地紛争事件、そして台湾問題との三つがあった。

岩倉右大臣も「樺太における露国人の暴行、台湾における生蕃の暴行、朝鮮の遣使、その三事案はいずれも重大なり」と言い、「内治を整頓して、外征を謀る力を蓄《たくわ》えるべし」と言っていた。（『岩倉公実記』）

そして西郷が最も重視していたのは、ロシアの領土拡張南下政策を睨んでの樺太（サハリン）領有問題であった。

西郷が尊敬する主君であり、師でもあった島津斉彬は、「樺太を開墾《かいこん》して日本人種を殖し日本の所領なるを分明にすべし」と積極的な植民・開拓論を主張していた。

西郷は、明治五年八月に、陸軍少佐の池上四郎と武市熊吉を外務省出仕とし、これに権中録《ごんちゅうろく》の彭城中平を加えた三人を華北・満州地域の地形・兵備・風俗などの調査へ派遣していた。

さらに陸軍中佐北村重頼と陸軍少佐別府晋介《しんすけ》を、外務大丞花房義質《よしもと》の朝鮮出張に便乗して派遣した。

さらに西郷は、明治五年十一月に島津久光公へ詫びるため帰鹿し、六年三月に上京の際には開墾用農具を持参していた。

そして、明治五年七月、西郷は、北海道に鎮台《ちんだい》を置いて自《みずか》ら司令長官となり、樺太《からふと》（現サハリン）に分営を設け、篠原国幹《しのはらくにもと》を樺太分営司令官として、桐野利秋・辺見十郎太・渕辺高照・別府晋介らと共に北海道に移住し、屯田法《とんでんほう》をもって開拓したいとの構想を、北海道と樺太を所管する開拓次官黒田清隆《きよたか》に宛てて、「自分と君とは情宜《じょうぎ》甚だ厚し、まさに死生を共にしたい、我北行の意決せり」と申し送った。

そして明治六年春、北海道移住を閣議に謀《はか》ったりした。

だが閣議は、筆頭参議の西郷が北方問題だけに専心されては大変と、検討事項として棚上げにしてしまった。

北海道及び樺太所管の開拓次官黒田清隆は、樺太は放棄しても良いから、まず北海道開拓に全力を傾注すべきであるという考え方であった。

それが、朝鮮への西郷使節派遣が閣議で決定されてまもない六年九月二日に、樺太の住民保護のための出兵建議を太政大臣三条実美に行ない、その趣旨を西郷に伝えて、閣議での協力を求めた。

西郷の朝鮮使節派遣の牽制《けんせい》ともうけとれる黒田の唐突《とうとつ》な建議であったが、これに対し西郷は、

「樺太問題を申し立てたことはおどりあがるくらいうれしい。樺太問題は朝鮮どころの問題ではない。応援どころでなく、主として樺太問題を十分議論するから、ご安心ください」と返事をしている。

一方、内治急務論を掲げて西郷の朝鮮使節派遣に反対した大久保利通は、政変から半年後の明治七年五月に台湾に出兵し、続いて明治八年九月、朝鮮の都に近い京畿道《けいきどう》の江華島《こうかとう》で砲艦外交を行ない、日朝修好条規（江華条約）を結んだ。

これに対し、西郷は篠原国幹に次のような書状を送っている。

「朝鮮は数百年来交際してきた国であるが、維新後は摩擦《まさつ》を生じて数年来談判を重ねてきた。ところが今回の事件は、測量のことをあらかじめ相手に許容《きょよう》させてありながら発砲を受けたのならともかく、その事前処置をしなかった以上、砲撃を受けても応戦せず、まずその理由をただすべきである。しかるにただ相手を蔑視《べっし》しておき、結果として戦争騒ぎを引き起こす。天理《てんり》において恥ずべきことだ。要路《ようろ》の人々が姦計《かんけい》をもって今までの交渉の努力を水泡《すいほう》にし、戦争を始めたのか。何分にも道理を尽くさず、強きを恐れ弱きをあなどる心から起きたことと思う。ロシアの強圧《きょうあつ》に屈《くっ》した樺太《からふと》（現・サハリン）と千島《ちしま》交換の非難を防ぐため、朝鮮で事を起こしたのか。または政府がすでに瓦解《がかい》の勢いで、国内から受ける人民の憤怒を外にかわそうとの考えか、とにかく術策《じゅっさく》によるものと思う」

他方、ロシアを相手とする樺太問題について大久保政権は、樺太を放棄して北千島と交換するという恐露屈伏条約という批判もあった樺太・千島交換条約を明治八年五月に結んでいる。

明治評論界で活躍した三宅雪嶺《みやけせつれい》は『同時代史』に、「当時翁《おう》（大西郷）の志としたのはロシア（と戦うこと）に対して準備することであり、翁に反対した者もこれ（ロシアと戦おうとする方針）を恐れてのことであったが、三十年後の今日から見れば、先に妄想《もうそう》と認められた論も思いのほか真実であったことが証明されたようである。」と述べている。

大久保の内治急務論というのは、樺太などをめぐるロシアとの摩擦回避《まさつかいひ》論と見れば、明治六年の三大外交課題のうち、朝鮮と台湾については積極的外征、強国ロシアについては樺太割譲《かつじょう》という譲歩をして対立を回避し、内治に力を入れる論と見れば理解可能である。

樺太領有問題という視点から、明治六年政変について考えてみたい。

3　西郷の東アジア外交構想

常に世界史との関連で日本の動向を分析し、実証的手法と批判精神を堅持し、アジア史との関連で新たな日本史像の構築をめざし、日本外交史や開国攘夷の理論などの権威で、名古屋大学法学部教授・日本国際政治学会常任理事・日本政治学会理事長なども務めた信夫清三郎《しのぶせいざぶろう》氏は、西郷の国際政治観について次のように述べている。

西郷は、「東洋的な道徳国家」の実現を目指し、王道を求めて覇道の権力政治と対決しようとしていたとし、また、「草創の始に立ちながら、家屋を飾り、衣服を文《かざ》り、美妾を抱え、蓄財を謀る」風潮の明治政府を改革しなければ、「戊辰《ぼしん》の義戦《ぎせん》も偏《ひとえ》に私を営みたる姿に成り行き、天下に対し戦死者に対して面目無きぞ」と自省し、改革に尽力しようと決意していた、と見ている。

その上で、このような西郷の政治観と、大久保・岩倉を中心とした明治政府への違和感と改革姿勢が明治六年政変の底流であろうと、次のような論旨を展開されて

いる。（日本政治史Ⅲ）

西郷の「革命」は、大村の戦争指導が会津二十三万石を斗南三万石に押し込めたようなものでなく、敗者を打ちのめさず、西郷自身が敗者としての庄内藩の処理に最も典型的にみせたように、勝者の秩序に敗者を疎外せず組み込むような、そういう「革命」であったのではないか？　そこにこそ、「西郷の一見空漠《くうばく》たる東洋的な道徳国家のヴィジョン」があったのではないか？　西郷がつねに自己の行動を律したのは、「私」を斥けた「天道」、「徳」、「忠孝仁愛教化の道」であった。（略）

いわゆる征韓論争における西郷の態度も同じ理想に立っていた。論争の発端は、朝鮮の攘夷運動が惹き起こした不穏な情勢に対し、居留民保護のための一個大隊の兵力を派遣するかどうかにあった。西郷は、兵力の派遣に反対し、「彼の曲」を正すために自ら使節に立つことを希望した。彼は、朝鮮との交渉にやはりまず「人事を以一尽力」すべきだと考えたのではなかったか？

西郷は、朝鮮の彼方につねにロシアの脅威《きょうい》を見ていた。彼は、ロシアとの対決を「万国対峙」の重要な環と理解していた。みずから使節となって朝鮮との隣交をととのえようとしたのも、おそらくロシアとの対決に朝鮮が重要な位地を占めていると考えたためであった。もしそうであったとすれば、朝鮮との隣交はどういう形をとらなければならないか？　西郷は、おそらく勝海舟から「朝鮮に商を通じ、続きて北京に進ぜむ」という「横縦連合」の構想を聞いていたであろうが、勝の構想を実現しようとしたか、あるいは別の構想を考えていたか。（略）

彼は、眼前の国際政治が覇道《はどう》―権力政治《パワー・ポリティクス》の原理で動いていることを認識していた。しかし彼は、覇道に対するに覇道をもってせず、覇道に対するに王道《おうどう》をもってしようとした。（略）

西郷隆盛は王道を求めて覇道と対決しようとしていた。彼がいわゆる征韓論争において単身で朝鮮開国の交渉におもむくという特殊な行動を提案したのも、死処を得るという希望を別にすれば、兵力をもって朝鮮を威嚇するという覇道の外交―権力政治《パワー・ポリティクス》を好まなかったからであった。だから彼は、征韓論争において自分に反対した政府が、一八七五年に軍艦雲揚をもって朝鮮に砲艦外交《ガン・ディプロマシー》を仕掛けたと聞いてがまんがならなかった。彼は、一八七五年十月、篠原国幹にあてて政府への批判を存分に書き込んだ。

西郷は、朝鮮は日本にとって「数百年来交際の国」であるが、江華島事件は「全く交際これなく、人事尽し難き国」に対すると同様の「戦端」を開いたものであり、「誠に遺憾千万」であると強調した。

勝海舟《かつかいしゅう》の日本・朝鮮・中国同盟論との関連で、西郷の外交構想について、「明治維新私論」、「勝海舟」などの著書もある松浦玲《まつうられい》桃山学院大教授は、次のように述べている。

西郷には、「文明」について彼独特の発言がある。西洋が文明だと思っている人が多いが、自分はそうは思わない。西洋列強はアフリカ・アジアなど弱いところを侵略し植民地にしている。弱い者いじめである。

弱い者を慈《いつく》しむのが文明で、弱い者いじめは野蛮ではないか、というのである。「野蛮」な西洋は、西郷の目標でありえない。

欧米型の近代国家をつくることが日本の目標だと確信して帰ってきた大久保と、西洋文明は本当の文明ではないと喝破《かっぱ》する西郷との対立、これが明治六（一八七三）年十月の廟堂《びょうどう》大分裂の原因である。（略）

大久保が欧米で、特にヨーロッパで掴んできたのは力の論理である。国際的正義や「万国公法」などが先にあるのではなく、まず先に力があり、力を持つ国が自己流の「正義」を押し通す。その論理が徹底した結果として、欧米列強の間では力の均衡による欧米列強だけの国際社会が生まれており、その内部では強者同士の正義が流通している。その「正義」は、欧米国際社会の外、アフリカやアジアに対しては、容赦のない侵略、収奪として現れる。

大久保が欧米型の近代国家を目標にするとは、右のような強者の仲間入りを目指すということである。欧米列強が強者であるのは、産業革命以後の大工業生産を経済的基盤として強大な軍事力を持つからである。日本も、大工業を導入し、富国強兵に努めなければならない。富国強兵に成功し、欧米型近代国家群への仲間入りを果たせば、強者の正義を押し通すことができる。

これに対し西郷は、弱者の正義にこだわろうとする。弱い者いじめをする西洋は「文明」ではないのである。朝鮮派遣を切望した西郷の真意を、西郷自身の言動中から正確に読み取るのは、大変に難しいのだが、勝海舟は「俺にはわかっているよ」と繰り返す。「俺と同じだよ」とも言う。

海舟は幕末から明治にかけて、最晩年に至るまで一貫して、日本、朝鮮、中国の同盟論である。これは厳密に証明できる。

その海舟が、西郷について、自分と同じだよと強調するのを無視するわけにはいかない。明治六年に西郷が単身非武装で朝鮮へ乗り込みたがったのは、同盟への手がかりを掴《つか》むためだったかもしれない。

幕末期に海舟がやろうとして老中が方針を変えたためできなかったことを、明治六年の西郷がやろうとしたのである。少なくとも海舟は、そのように断定する。成功すれば、侵略してくる欧米列強に対し、弱者である東アジア三国の連合抵抗という場面が可能となる。

西郷も海舟も、アジア文明がヨーロッパ文明に劣るとは思っていない。そこで、弱者の連合抵抗は、より積極的には、欧米型近代とは異なるアジア型近代を生む可能性を持つ。それは強者の正義の世界ではなくて、先に普遍的な正義が確保されている世界でなければなるまい。

ただしこれは、成るか成らぬか、なんとも保証しがたい空想的世界である。朝鮮が応じなければ、第一着手でたちまち挫折し、対策に窮することになる。成功すれば素晴らしいが、失敗すれば、孤立した弱者として欧米列強の蹂躙《じゅうりん》を甘んじて受けなければなるまい。

司馬遼太郎は、西郷征韓論問題について、ロシアの侵略的南下への対策という見方で、次のように述べている。

「西郷の征韓論は、世界的な帝国主義、とくにロシアの侵略的南下に日本としては病的に過敏にならざるをえなかった時代ということを考えてやる必要があります。西郷は資料を残していませんが、桐野が言ったことから推察すると、西郷はべつに朝鮮をどうこうするつもりでなく、ロシアの南下を食い止めるため沿海州あたりに足場を作ろうとしたんだと思います。ロシアにおいてコサックを先頭に立ててシベリアを征服したように、日本も薩摩士族を中心に三十万人の士族を沿海州あたりに移動させ、防塁を築くというイメージが（多分に空想ですが）あったのでしょう。そのための足場として朝鮮の開国を必要とした。」

西郷は、国際情勢についてロシア南下の脅威を最重視して、樺太確保と、遣韓使節となってまず平和的・道義的外交交渉による同盟を考えているが、西郷の見解は卓見であった。

4　幕末の樺太領有問題

アメリカ東インド艦隊司令長官ペリーが軍艦四隻を率いて日本へ遠征するとの情報に刺激され、ロシアも極東艦隊司令長官プチャーチン海軍中将率いる軍艦四隻からなる使節団を日本へ派遣した、このプチャーチン提督は、トルコ及びペルシャへ派遣され国境画定、通商交渉に成功していた。また日本への開国交渉も提案してきた経験をもっていた。

ロシア外務省は、滞日経験の長かったシーボルトを招き、幕府への対応意見を聞いた。

シーボルトは、日本には宗教的皇帝（天皇）と世俗的皇帝（将軍）があり、交渉は長びく、江戸の幕閣には守旧派が多く、そのためには日本の国是を尊重してかかる必要があると進言した。そのためまず長崎に入港すべきと述べた。国境問題では、クナシリ、エトロフ島はいま日本が實効領有していることを踏まえ、ウルップ島との間に国境を決めることが妥当と述べた。ウルップ島はロシアが實効支配している。この事実はロシア政府も認めており、ウルップ島がロシア領の南限であることは一致した。クナシリ、エトロフ島には日本の漁民が多く居住している。ロシア政府としては、それよりサハリン（樺太）の帰属の方に大きく関心をもっていた。その南端のアニワ湾には日本の漁民が集落を営んでいる事実は認めていたが、この領有権は譲れない方針であった。シベリア沿海州の対岸のこの島が日本に領有されるか、または他の国の影響下におかれることは、沿海州初め東北シベリアの安全がおびやかされて容認出来ないというものであった。

幕府の老中首座阿部伊勢守正弘は、開明派の人材であった大目付筒井肥前守正憲《まさのり》を日本側使節の主席、勘定奉行の川路左衛門尉聖謨《としあきら》を次席に任命、直ちに随員と共に長崎に出張させた。

そして嘉永六年（一八五三）十二月から六回の交渉が行なわれた。

その後、安政元年（一八五四）十二月に六回の交渉が行なわれ、国境画定と、下田・箱館・長崎を開港する日露和親条約が結ばれた。

この条約の第一条で、

「今より後両国末永く真實懇にして各其所領において互に保護し人命は勿論什物《じゅうぶつ》においても損害なかるへし」と定めた。

条約の第二条では、

「今より後日本国とロシア国との境界は、エトロフ島とウルップ島との間にあるべし。エトロフ全島は日本に属しウルップ全島夫より北のクリル諸島はロシアに属す。樺太島に至りては日本国とロシア国との間におゐて界を分たず是迄仕来の通たるべし」と定めた。

これで、エトロフ以南を日本領、ウルップ以北をロシア領とする千島列島の分割と、樺太の現状維持＝日ロ共有が規定された。

日ロ和親（通好）条約の調印を契機に、日ロ両国の蝦夷地にたいする関心はますます高まり、とりわけ国境未画定の状態に置かれた樺太が当面の関心の焦点となった。ロシア側は無主地先占論の立場からクシュンナイなどへのロシア人の定住の既成事実を積み重ねたが、日本側でも島津斉彬《しまずなりあきら》のように、「開墾シテ日本人種ヲ殖シ日本ノ所領ナルヲ分明ニス」べしとの観点から、積極的な植民・開拓論を主張する論者も少なくなかった。

5　明治政府初期の樺太対策

ペリーやプチャーチンの黒船来航による開港・通商要求は、徳川幕府の鎖国・幕藩体制を揺さぶった。

欧米列強の外圧に対抗する運動として、尊王攘夷《そんのうじょうい》が起こり、全国的統一政権の必要から公武合体論・雄藩連合・公議政体論・討幕論などへと進んだ。

欧米列強の外圧から日本の植民地化を防ごうというエネルギーが、明治新政府を誕生させたと言ってもよい。

西郷はかねてから「節義廉恥《せつぎれんち》を失って、国を維持するの道決してあらず」という考え方で、徳川幕府が倒れたのも外国交際の筋を通さなかったからであると言っていた。

樺太問題についても、明治新政府初期の参議・官僚たちにはかつての志士も多く、この考え方が生きていて、このような考えを大切にした人々がいた。

岩倉具視も、北方（門）政策の方針を示すものとして、蝦夷《えぞち》地開発について次のような建議をしていた。

「蝦夷地開拓ノ儀ハ多年有識者ノ論スル所ト雖モ幕府姑息ニテ此事ヲ施行セザリシハ遺憾ト謂フ可シ。夫レ魯西亜人ノ此土ニ垂涎《すいえん》スルコト実ニ久シ。天ノ皇国ニ附与セシ地ヲ棄テテ顧ミズ、魯西亜人ヲシテ恣ニ蚕食セシメントスルハ是レ何等ノ事ゾヤ。去年在廷ノ臣ニ諮問シ開拓事業ノ端緒ヲ開キシト雖モ未ダ力ヲ此土地ニ尽シ、志ヲ此事業ニ伸ブルコト能ハズ。今ヤ奥羽既ニ平定シ箱館流賊ノ如キモ亦不日勦滅ニ就クベシ。此レ好機会ノ来ルモノニシテ、復タ失フ可カラズ。速ニ天下ニ布令シテ開拓ノ事業ニ勉励セシムベシ。而シテ廟堂ニハ畢生此土地ニ尽瘁スベキ人材ヲ撰択シ、其ノ事務ヲ専任セシメンコトヲ要ス。先ヅ議定、参与、弁事各一員ヲ差遣シ、開拓ノ事業ヲ計画シ、多年此土地ヲ跋渉苦心セシ有志者ヲ扶助シ、且土民ヲ教諭シ、墾田漁猟ヲ始メ、海陸ノ利ヲ獲ルコトヲ務ムベシ。此ノ如ク漸次著手セバ、数十年ヲ出スシテ必ズ富有ノ土地トナラン。然ル後其ノ土地ノ開ケ住民ノ繁殖スルニ従ヒ、府或ハ県ヲ置キ、其ノ開拓事業ニ功労アル者ヲ以テ知事ニ任ジ、大ニ教化ヲ布洽セバ、亦一箇ノ小日本国ヲ生ズルナリ。此ノ如クナレバ、内ハ未曾有ノ大利益ヲ興シ、外ハ魯西亜人ノ垂涎ノ念ヲ断チ、皇国ノ威勢此ヨリシテ海外ニ宣揚スルニ至ラン。蓋シ蝦夷地ヲ開クト否トハ皇国ノ隆替ニ開ス。在廷ノ諸君、宜ク力ヲ此土地ニ尽スヘシ。」（丸山国雄著「日本北方発展史」昭和十七年の引用文による）

樺太史上、間宮林蔵・松田伝十郎と並ぶ探険家で、樺太のために活躍した人物として岡本監輔（文平）がいる。

岡本の生涯は、幕末から明治政府の樺太政策と密接に関連したものなので述べておきたい。

岡本が樺太問題に興味をもつに至ったきっかけは、江戸の一古書店で、北蝦夷図説を見て、北蝦夷《きたえぞ》がすなわちサハリン島であることを知ったことにある。かれは樺太が日本の北門としての重要性をみとめて、この地の開拓に志すこととなる。そして、ついに文久二年（一八六二年）に意を決して単身で樺太にわたり、元治元年（一八六四年）には幕府に請うて、樺太居住の許可をうけ、シツカ河附近に居をかまえることとなる。そしてかれの樺太全島の現地調査がはじまることとなるが、慶応元年（一八六五年）五月岡本は西村伝九郎を伴ってワーレを出発し、タライカロにいたり、閏五月にシンノシレトコ（真知床）を廻り、さらに樺太の東北端のカヲト岬を廻航して西岸の各地を探検し、遂に黒竜江に出て、さらにこれを遡ってロシア人の満洲人に対する状態を調査している。つまり、かれはこれによって樺太周航という劃期的な探検事業を完成した。慶応三年（一八六七年）第二回遣露使節として箱館奉行の小出秀実（大和守）一行がペテルブルグに行くことを聞いて、かれは江戸にでて樺太は全島を日本国の領土とすることを建言している。また、明治維新後においても、かれはこの樺太問題解決について岩倉・副島・大久保など中央政府の有力者に訴えている。明治元年に箱館裁判所の権判事として樺太在勤を命ぜられ、事実上樺太関係事務を担当し、明治二年開拓使が設けられると、同じく開拓使判官に任命されている。かれは大いに北門開拓事業につとめたが、そのとなえる樺太対策は黒田清隆の容れるところとならず、ついに開拓使判事を辞任している。

そして明治十年前後から育英と著述に専念し、郷里の徳島中学校長などをつとめた。

この岡本らを中心に開拓使の現地機関は、樺太領有のため対ロシア強硬論の勢力が強かったようである。

6　樺太確保の強硬論者丸山作楽外務大丞を反政府分子として弾圧

中央政府の外務大丞（局長）丸山作楽《さくら》も、樺太確保へ対ロシア強硬論を唱えた代表的人物でもある。

明治二年（一八六九年）八月樺太のクシュンコタン（久春古丹）に出張して現地を視察して翌明治三年（一八七〇年）七月に帰京した丸山作楽（外務大丞）らは大規模な樺太警備策を進言している。かれは樺太の確保と開拓こそロシアの南下にそなえるための実際的な効果があるものとして提起している。とくに丸山の言葉として注目されるのは、国境問題を幕末いらいの未解決のままにして放任しておくことは不可であると指摘している点である。樺太島上で境界を定めないことは、樺太の土地をロシアに与えることとなる。もし、両国民雑居のままに放置しておけば、ロシア側がますます勝手な行動にでてくるであろうし、「現地においての交渉はたとえ条理が立ったとしても、いわゆる暖簾《のれん》に腕押しの姿になる」と警告している。この丸山作楽の樺太警備の具体的対策はきわめて積極的である。かれの構想によれば箱館におかれている開拓使本府を北海道地方の中心である石狩に移し、一方樺太にある開拓使の出先機関を静河（シツカ・敷香）において、この機関に外務・開拓の両行政機関を合併させる、その上に防衛機関として陸奥の鎮守府をここに移し、奥羽戦争で降伏したものを屯田兵としてその軍団の編成をするとともに、汽船三隻を運送船として配置するというのである。このかれの意見は、当時ロシアが艦船と兵力援護下に植民と軍事ポストの設定をするという方策をとっているので、これに対抗して日本としても同じような方針をとれと提案しているものと見るべきだ。この岡本＝丸山の樺太対策を支持したものは、外務権大録の宮本頼三で、かれは同じく政府の命令で現地を調査し、帰京後報告している。宮本もまた雑居の制度を改めて、境界を確定しなければ到底開拓の実効をあげることはできないとしている。

この樺太確保の中心的強硬論者丸山作楽が、明治二大疑獄といわれ、犯人不明のまま迷宮入りとなった広沢真臣暗殺事件にからむ反政府分子弾圧事件に巻き込まれている。

明治四年一月、木戸孝允と並んで長州派の二大巨頭といわれた広沢真臣《ひろさわさねおみ》の暗殺事件が起きた。

大久保系の東京府第一大区中警視安藤則命は、広沢の妾で絶世の美女といわれた福井かねと、広沢家の家令起田正一を逮捕し、杖での打ちたたき、箱責め、海老責めなど苛酷な拷問で、密通情交したための犯行と自白させた。

だが、司法省が調べ、とても犯人として起訴できるようなものでないので釈放しようとしたところ、安藤らが強硬に異議を述べ、二人は未決監に四年間も放置された。

大久保はこの事件を利用し、広沢暗殺犯人探しを名目に、大久保政権に反対している反政府分子の大々的な一斉検挙を行い、投獄・処刑を行った。

この頃、大久保政権への反政府党は、丸山作楽の丸山派、初岡敬治の秋田派、大楽源太郎の長州派、高田源兵衛（河上彦斎）の熊本派、志津野拙三の小倉派、古賀正幸の柳川派、伊藤源助の新兵隊派、愛宕通旭、外山光輔、沢宣嘉の公卿派、古松簡治、小河真文の久留米派、岡崎恭輔の土佐派と、全国各地に散らばっていた。大久保は、これらの一斉検挙をおこない、愛宕、外山の公卿は切腹。比喜田高鞆、古賀正幸、橋本省吾、矢野寿助、高田源兵衛、初岡敬治、小河真文は斬罪。中村恕助、水野正臣、吉田丹波、寺崎三矢吉、丸山作楽、坂田諸潔は終身禁獄。その他十年以下に処せられたものは数十人の多くにのぼった。安政の大獄を上回る弾圧といわれた。

大久保は、暗殺犯人探しを名目に反政府分子を粛清《しゅくせい》し、自らの政治基盤を確固たるものにすることにものの見事に成功したといわれる。

ここで重要なことは、樺太確保の強硬論者丸山作楽と同調者が反政府分子として検挙され、丸山は終身禁獄に処させられていることである。

大久保は黒田清隆開拓次官の樺太放棄論を政治路線として、これに反対する樺太確保論者たちを反政府分子とみなしたことになる。

なお、丸山作楽は、大久保急死後に組閣された反大久保の井上馨参議・外務卿、反黒田の山県有朋参議・陸軍参謀総長たちの長州三尊政権下で、明治十三年一月に特赦された。

そして十四年四月に忠愛社を創立して『明治日報』を発刊し、その後、元老院議官・貴族院議員などを歴任した。

7 黒田清隆開拓次官の樺太放棄論と副島種臣外務卿の樺太北部買収論

戊辰《ぼしん》戦争で西郷幕下の参謀としての黒田清隆は、庄内藩降伏に当り、藩主酒井忠篤《ただあつ》を帯刀のまま上座に据え、どちらが勝者かわからなかったといわれる応待をし、城と兵器を受けとるのみで、三日間で兵を引き揚げ、鶴岡城下はあっけにとられたという。後日、庄内藩家老菅実秀《すがさねひで》がお礼に行ったところ、黒田は「万事西郷の指図どおりやったまででそれがしがお礼などいわれる筋合いではない」と笑って言った。黒田の謙虚なモラリストの一面だった。

箱館戦争でも、降伏した榎本武揚《えのもとたけあき》・大鳥圭介らの助命に奔走し、西郷も「黒田の勇力なくてはとても命のない者で、満朝殺す論のなか、奮然と建抜佚儀、千載の美談と申すべきである。黒田の誠心によりここに至り、実に頼母しき人物である」と喜び、ほめていた。

このように黒田は、謙虚で寛容、道義心も強く思慮と才智に富み、抜群の行動力と交渉力など秀れた特質・美点を備えた人物であった。

そして、西郷の弟分といわれてきた。

この黒田と西郷が対立するようになったのは、明治六年政変で、大久保に頼まれて、西郷の遣韓使節阻止による西郷の辞職と、それとの連動で西郷に加勢した副島種臣・後藤象二郎・板垣退助・江藤新平参議の連袂《れんべい》辞職を引き出す「一の秘策」の片棒をかついだためといわれてきた。

決定的対立になってしまったのは、明治六年政変で大久保の「一の秘策」の片棒をかついだためだが、樺太を日本領土として確保していくか、放棄するかについての北方対策をめぐっての意見の対立は、西郷・副島対黒田・大久保という図式で発生していたようである。

黒田は明治三年十一月に開拓使次官に就任するが、明治六年（一八七三）五月に樺太放棄論を政府に建言している。

謙虚でモラリストの一面もあった黒田が、酒乱になったのは、西郷の遣韓使節阻止へ大久保の「一の秘策」の片棒をかついで西郷を筆頭参議辞任へ追い込んだためといわれるが、樺太放棄への世論の非難を苦にした面もあったのであろう。

当時、樺太問題について、イギリス・フランス・アメリカもそれぞれの国益から関心を持っていたが、イギリスは黒田に対して樺太放棄を提言している。

黒田清隆の建言書は、かれが開拓使次官に任命されていらい（明治三年＝一八七〇年）、力をつくして北海道の開拓を進めているが、その効果が急速にあがらないのは、官吏の努力が足らないのでなく、厳しい自然的条件や原始的な土地の事情にあると指摘している。さらに政府は維新いらい七十万円に達する経費を樺太に投しているが、実のところその効果はまだ挙っていない。このような無駄な経費を投じても現在樺太は日露両国民の雑居の地であって、日本としてはロシアとの対抗上、無用な所に手をつけているのが実情であり、これによって国家の実力を損うていることはすこぶる大である。このさいわが政府としてはこの無用な国費を消費するのをやめて、むしろこの国費をもって国内産業の開発、就中、北海道の開拓経営をすすめ、産業を開くとともに北方の守りを強化すべきであると云っている。かれは北海道に主力をそそぎ、国際紛争の原因となるような樺太を放棄せよと建策している。

一方、外務卿副島種臣は、樺太において日ロ国境を画定しようとする幕末以来の懸案《けんあん》について、明治五年ロシアの新任の駐日公使ビィツオフと交渉を開始した。

ところで明治五年以降、東京でおこなわれた樺太境界談判に関する記録が見当らないことを外務省蔵版の「大日本外交文書」においても指摘《してき》している。しかし、かつての幕臣で外交事務にあたり、また、明治政府に出仕して外務少丞であった田辺太一が幕末以来の日露樺太交渉の経過の概要を記述している。これが外務省版の外交文書のうちに収録されているが、この資料が最も信頼すべきものといわれる。

これを基にした文献によると、会談のはじめにおいて、ビィツオフは従来のロシア政府の方針を代弁して樺太島上で国境を画定することを肯んじない。むしろ全島を買収してもよいというが、しかもこの買収の資金についてはロシア側も余裕がないことが明らかにされ、かれもこの点について明確な回答はできないという。副島はこれにたいして、日本政府としては樺太北半分を買収する用意があるがどうかといえば、ビィツオフはこのような重大なことを決定する権限はないと回答を避けようとする。ビィツオフはさらに、日本政府部内においては北海道を開拓して行くためには、現在両国民混住の状態にある樺太を放棄するのが、国際的な紛争の原因を除去する手段となるものだという意見もあると聞いているがどうかと、質問してくる。一方、副島もまた、ロシア側の宮廷政治においてその外交方針が二途にわかれていることを察知している。また、当時ロシア政府が国費節約のためアラスカをアメリカに売渡した経緯を知っているので、かれはシワード前米国務長官の示唆にしたがい、樺太買収論をおしすすめてしりぞかない。

かくて両者の間では結論がでないままに一時交渉は中絶することとなる。たまたま駐日フランス臨時代理大使が駐露フランス大使から得た情報であるとして内報を副島に提供してきている。それによれば、ロシア政府および宮廷ではサハリン（樺太）島の問題で日露の両国がしばしば争ってきていることは、隣国としての友好関係にも好ましくないことであるし、かつまた、国家財政の見地からしても、樺太全島を放棄してもよいという意見がでてきているとつたえている。このようなフランス側の情報にもとづいて副島は、その主張をすすめたものと思われるが、かれはこの交渉停滞の間においても、しばしばビィツオフに会っており、この買収論を提案している。だがビィツオフは、逆にかれがロシア領と考えている千島諸島と樺太を交換するのが日本にとって得策であると、提案してきている。だが副島はこの提案を拒否して、ウルップ、クナシリ、エトロフの各島がわが日本の領土であることは何ら疑いのないところである、と主張している。

このようにして副島・ビィツオフ会談が停滞している間に年は変り明治六年（一八七三年）となる。この年の初めにビィツオフは本国政府からの訓令がきたといって、副島にたいして日本全権側のいう樺太買収の問題はロシア政府としては了承できないと回答してきている。そのロシア政府の趣旨は、樺太は罪人の流謫の地として必要であるというのであるが、かれは日本が樺太北部を買収しようという提案はおそらく副島個人の意見が主ではないか、現に日本政府部内においても樺太放棄論があるではないかといっている。これにたいして副島はロシア政府宮廷においても同じように樺太放棄論があるということをフランス側より聞いていると述べ、ロシア政府が樺太島上において国境を画定しないという意図のうらには、結局樺太をロシア領土として併合しようとする意思があるのではないかといっている。しかしビィッオフは逆に、もし日本政府が樺太全土をロシアに譲渡するならば、これに相応する相当の利益を日本政府または日本人民に与えることを約束して、これにもとづいて条約を締結してもよいと提案してくる。もちろん副島としてはこれに応諾していないし、日本に与えようというものはどのようなものであるか、その条約締結とは何を意味するものかと質問している。こうして交渉は逆転して結論からは遠く離れることとなる。このように国境問題は、一時はロシア政府としても樺太放棄について考慮したものの、再びこのような強硬な態度に出るにいたったが、それには日本政府部内に樺太放棄論が抬頭《たいとう》してきたのを、ロシア政府が看取《かんしゅ》したことが主たる理由であろう。ここに日本はロシアを譲歩させるという絶好の機会を失ったものといえる。

副島はかれにとって同郷の大隈重信が大蔵卿として国家財政の台所を担当しているという好機会を利川して、樺太買収案をもってビィッオフと交渉するが、この提案は前述したような経過でついに実を結ばずに終る。

なおこの樺太買収交渉案については、副島は事前に時の大蔵大臣である大蔵卿の大隈重信に相談しており、この樺太買収の経費として、二百万円の国庫支出の可能性についてただしている。これに対し大隈はこれを承諾している事実からしても、大いにその実現性はあったといわれる。

8　明治六年政変後、樺太と千島交換へ

大久保ら内治派と西郷派との北方問題についての意見の対立について、丸山国雄著「日本北方発展史」は次のように述べている。

朝鮮交渉問題について岩倉・大久保らの内治派が西郷を頂点とする武断派の対朝鮮対策（いわゆる征韓論）に対して反対した一つの理由として、樺太処分問題についてもまたこの両派のうちで意見の対立があったことが見のがせない。すなわち当時の朝鮮問題と樺太を中心とする北方領土問題とは密接な関連があるもので、ロシアの勢力が南下して日本の北門に迫るのに対抗して、国策を樹立すべきであるというのがその論拠であり、その対策の一つとして朝鮮問題の解決が必要であるという

のが西郷隆盛の意見であった。すなわち、かれは早くからこの北方問題に意を留め、明治四年（一八七一年）九月に陸軍少将桐野利秋を北海道に出張させて事情を調査しているが、その報告にもとづいて札幌に鎮台《ちんだい》を設営し、自らその司令官に就任しようとさえしている。かれは「今日の御国情に相成り候こと、所詮無事に相済むべくもなく、畢竟は露国と戦争に相成り候ほかこれなく、愈々戦争に御決着に相成り候ては、直ちに軍略は取運び申さず相ならず、唯今北海道を保護し、夫れにて露国対峙相成るべき哉、さすれば弥以て朝鮮のことは取り運び相成りポセットの方よりニコライ（エフスク）まで張り出し、北方より屹度一歩彼の地に踏込んで此の地を護衛し云々」といっている。

開拓使次官の黒田清隆が、北海道開拓に重点を置いて、樺太はこれを放棄するを得策とする建議を出したが、その後まもなくロシア兵が樺太の函泊《ハコドマリ》にある倉庫を焼き、漁具類襲撃事件がおこっている。

このような不祥事件は現地では日露両国民の間に相次いで起っている情勢にあり

ながら、政府当局があえて実力行使によってこの種事件の惹起をおさえることに消極的で、函泊事件にしても原因は明らかでありながら解決はみないままに時日は経過している。こうした樺太現地の不安定の状態のために樺太の移民も定住をきらう傾向がでてきており、この傾向は明治七年（一八七四年）三月に開拓使樺太支庁が樺太在住日本人の内地引揚げを布告《ふこく》するにおよんで拍車付《はくしゃづ》けられ、四百五十人にあまる住民の引揚げが実現されて、日本人による樺太経営はいよいよ困難となってくる。実質的には日本政府は樺太経営を放棄したものといってよい。そしてこのような政府の特策が表面化するにつれて、樺太問題についての世論はようやく活発になってくる。当時の一般的な国民感情としては、樺太放棄論はすなわち北門にせまるロシアの勢力に屈伏することを意味するものであり、この勢力に断固対決すべしという意見が主として現地側からおきてきている。しかし、この意見は明治政府の中枢部の見解とは合致していなかったし、とくに、明治六年（一八七三年）九月に外遊視察をおえて岩倉具視一行が帰朝していらい、それまで廟議を支配していた西郷隆盛を頂点とする一派が連袂《れんぺい》して中央政府から辞任して野に下るという政治的事件が生じてから、樺太放棄へ向かって行くようである。

そして明治六年政変で、西郷の遺韓使節賛成派でかつ樺太領有論の西郷・副島・後藤・板垣・江藤の参議が下野した後、大久保内治論と黒田の樺太放棄論は密接な関係を持って、明治八年五月の樺太・千島交換条約締結へと進んで行った。

当時ロシア宮廷は農奴解放後の国内問題を初め、とくに東ヨーロッパの政治情勢や中近東＝トルコとの間に多くの難問題をかかえていたし、極東への積極的な武力拡大政策をとるいとまがなかったものと考えられている。この国際的な情勢を西郷は十分認識していた上で、屯田兵による樺太領有を保持しようと考えていたようである。

この樺太千島交換条約の締結は、後年多くの史家、外交評論家によって一方的な譲歩として批判されている。

代表的な所説として次のようなものがある。

「かえりみれば多年日露両国の争点となり、幾多の交渉を重ねし千島、樺太問題も、日本の譲歩によりて難なく解決せられ、露国はこれによりて南侵の階梯《かいてい》（階段）を造り、日本は之によりて無益の土壌を割譲し、之に用ふるの資本を北海道の経営に宛てるを得たりと称す。本書は只事実を伝ふるを以て主眼とし、敢て政治上の議論を試むるものにあらずといえども、なお此の如き臆病《おくびょう》なる消極主義が勝利を占るに至りしは怪まざるを得ざる也。……露の拓植経営は日を追うて進捗し、我勢力は日を経るに従ひ不振の姿を呈し、樺太露領は事実に於て現われむとせり。茲に於て硬派は樺太買収説となり、軟派は譲与論となり、結局後者勝を占め、明治八年（一八七五年）に至り千島樺太の交換を見るに至れり。……顧れば十八世紀初より、今日に至るまで、我国の露国に対する関係は常に受動的の地位に立ち、幾度びか耐ふべからざる屈辱を蒙り、消すべからざる怨恨《えんこん》を留めたり。」（中村善太郎著「千島樺太侵略史」明治三十七年）

「二百年以前より志士等が惨憺《さんたん》たる苦心を嘗《な》め、政府も亦全島を取らずともせめて其の半ばを得んと、露国と談判を初めてから三十年持ち耐へた此樺太、我が国は之が大半を領有すべき充分の権利あり、政治上、漁業上充分の利益のあった此樺太を空しく彼の碁石《ごいし》を列べた様な小さな千島と交換してしまった。尚此に一言すべきは交換に際して漁業上有利なる権利を永遠に保持する所以の条件実行せざる為め、遂に其権利までも消滅するに至ったことである。其後我漁民の権利は益々剥奪《はくだつ》せられ、非常な窮地に陥るに至ったのも実に此事に基因する。」（東亜同文会編「樺太及北沿海州」明治三十八年）

「斯かる歴史的事実を前提とした樺太千島交換条約を見るとき「交換」の名は単なる形式に止まり、其の実は、樺太全島を露国の為に抛棄《ほうき》する代償として、曽て日本の勢力圏たりし千島を再び戻して貰ったのに外ならない。樺太と千島諸島とでは、如何なる角度からするも、決して正常なる「交換」に価しない。交換条約第一款並に第二款を通じて示された処を見ても明らかな通り、日本は樺太を露国に譲り、其の代償として千島を譲られたのであって、其の譲渡を為さざるを得なくなった次第を併せ考へる時、我々の胸中に何うしても拭ひ去る事の出来ぬものが残る。それは樺太を奪はれたといふ感じである。」（太田三郎著「日露千太外交戦」昭和十六年）

9 おわりに

明治六年政変は、大久保らによる西郷留守内閣打倒の権力闘争であるとともに、朝鮮問題・樺太問題・台湾問題についての外交政策の対立でもあった。

西郷留守内閣打倒の半年後、明治七年五月には台湾出兵、続いて一年十ヵ月後の明治八年九月には朝鮮の都に近い江華島《こうかとう》で砲艦外交を行なっている。

一方、ロシアに対しては、ロシアが涎《よだれ》が垂れそうに欲しがっていた樺太と北千島とを交換している。

大久保の内治急務論というのは、ロシアとの摩擦紛争《まさつふんそう》を回避するための政策論のようである。

大久保系薩摩派ナンバー２となった黒田は明治六年政変で西郷が下野した後、大久保政権下で明治七年、陸軍中将兼参議・開拓長官へと昇進して行き、大久保内治論に沿って、対露強硬領有論や、副島種臣《そえじまたねおみ》前外務卿の樺太北部を買収しての全樺太領有論などを抑え、開拓中判官の榎本武揚《えのもとたけあき》を特命全権公使に推《お》し、樺太を放棄し、北千島と交換する「千島樺太交換条約」を明治八年五月調印へと運んだ。西郷の、ロシア南下の脅威《きょうい》に対する樺太から朝鮮に至る防衛線構想の放棄であり、ロシアの強圧に屈したかと西郷は批判し、開拓使の屯田兵長官・陸軍中佐永山弥一郎は憤慨《ふんがい》して抗議辞職し、帰郷して行った。

大久保が西郷の外交を警戒したのは、樺太などでも強国ロシアを相手に屯田兵による実効支配《じっこうしはい》を推進することを恐れたのであろう。

西郷の外国交際への基本姿勢について、南洲翁遺訓で次のように述べている。

一七　正道を踏み国を以て斃《たお》るるの精神無くば、外国交際は全《まった》かる可からず。彼の強大に畏縮し、円滑《えんかつ》を主として、曲げて彼の意に順従する時は、軽侮《けいぶ》を招き、好親却《かえっ》て破れ、終に彼の制を受くるに至らん。

（訳）正しい道をふみ、国を賭して倒れてもやるという精神がないと外国との交際はこれを全うすることはできない。外国の強大なことに恐れ、ちぢこまり、ただ円滑にことを納めることを主眼にして自国の真意を曲げてまで外国のいうままに従うことは、あなどりを受け、親しい交わりがかえって破れ、しまいには外国に制圧されるに至るであろう。

一八　談《だん》国事に及びし時、慨然《がいぜん》として申されけるは、国の凌辱《りょうじょく》せらるるに当りては、縦令《たとえ》国を以て斃《たお》るる共、正道を践《ふ》み、義を尽すは政府の本務也。然るに平日金穀《きんこく》理財の事を議するを聞けば、如何なる英雄豪傑かと見ゆれ共、血の出る事に臨めば、頭を一処に集め、唯目前の苟安《こうあん》を謀るのみ。戦の一字を恐れ、政府の本務を堕《おと》しなば、商法支配所と申すものにて更に政府には非ざる也。

（訳）話が国の事に及んだとき、たいへん嘆いて言われるには、国が外国からはずかしめを受けるようなことがあったら、たとえ国全体でかかってたおれようとも正しい道をふんで道義をつくすのは政府のつとめである。しかるにかねて金銭や穀物や財政のことを議論するのを聞いていると、何という英雄豪傑かと思われるようであるが、血の出ることに臨むと頭を一ところに集め、ただ目の前の気やすめだけをはかるばかりである。戦の一字を恐れ政府本来の任務をおとすようなことがあったら商法支配所、すなわち商いのもとじめというようなもので、一国の政府ではないというべきである。

まとめになるが、当時の朝鮮問題と、樺太を中心とする北方領土問題とは密接な関係があるもので、ロシア勢力の南下に対抗して国策を樹立すべきで、その対策の一つとして朝鮮問題の解決が必要であるというのが、西郷の意見であった。

早くから北方問題に意を注ぎ、陸軍少将桐野利秋を出張させて事情を調査し、その報告に基づいて札幌に鎮台を設置し、自から司令官に就任しようとしている。

また陸軍少佐の池上四郎と武市熊吉を華北・満北地域の調査に派遣し、陸軍中佐北村重頼と陸軍少佐別府晋介を朝鮮に派遣したのも、ロシア勢力の南下へ対策を樹立するためだった。

それと廃藩置県で常職を失った士族（旧武士）を、樺太から朝鮮に至る防衛線構想で、屯田兵として活用・救済する計画だったようである。

なお、西郷・副島は、樺太上に国境画定よりも、むしろ北樺太買収によって一挙に問題を解決しようと努力していたといわれる。

樺太は大陸への、また大陸からの前進基地として北太平洋の地理的・軍事的・交通上の要地であり、森林・漁業・地下資源の宝庫となる可能性を持っていた。樺太は、日ロ共有から、明治八年の樺太・千島交換条約で日本は放棄したが、日ロ戦争後のポーツマス条約で北緯五十度以南の南樺太は日本領となった。そして豊富な森林資源を利用してのパルプ・製紙工場での生産額は日本の製紙業に大きな比重を占めた。

第二次大戦後ソ連領となり、石油・天然ガスなどエネルギー資源の宝庫として脚光を浴びている。島津斉彬と西郷の国際的先見性は、ずば抜けたものだったようである。

明治六年前後の樺太確保論と放棄論の経緯・状況について、鹿児島の図書館とともに東京都図書館や国立国会図書館にも史料調査に行った。

だが、外務省蔵版の「大日本外交文書」においても明治五年以降、東京でおこなわれた樺太境界談判に関する記録はないと指摘されている。そして参考文献・史料も一大外交問題だったのに少ないようである。

明治八年に制定された大久保政府や高官への批判・非難に対する厳しい言論・出版弾圧法令に基づく取締りと、政変の勝者による史料の取捨選択の影響の結果が大きいようである。

特に神とも仰いだ島津斉彬の遺志を守って樺太領有を目指した西郷と、熱烈な国権主義者で樺太確保に尽力した副島外務卿の日ソ外交史料は、樺太を放棄した有司専制政府には、後世に残したくない史料だったのであろう。

そういうなかで、大熊良一著『北方領土問題の歴史的背景』、東京大学出版会『アジアのなかの日本史Ⅳ　地域と民族』、外務省『大日本外交文書昭和十四年』、幕府で外交事務にあたり、明治政府で外務少丞であった田辺太一が記述した記録などが貴重な史料として参考となった。

第五章　西郷と大久保、親友からなぜ不倶戴天《ふぐたいてん》の敵へ

1　西郷と大久保、実は竹馬の友ではなかった

明治六年の政変の原因を、征韓論とする説にせよ、大久保の江藤への権力闘争と見る説にせよ、西郷と大久保は「竹馬の友」なので人間的対立はない、という前提があるようである。

勝海舟など幕末維新の関係者を研究している勝部真長お茶の水女子大学名誉教授も、西郷と大久保との親友関係を前提に、西郷は標的ではなく、江藤だけが標的だと、述べている。

毛利敏彦教授も西郷と大久保との親友ということを重視して、江藤新平標的説をとっているようである。

平泉澄教授も、「西郷と大久保の両雄、もともと同郷の竹馬の友、提携して討幕に当り、維新回天の偉業を成した親友、それが一体何時《いつ》いかなる事情によって喧嘩するに至り、それも単なる不和では無く、彼を殺すか、自分が死ぬか、生きて倶《とも》に

天を戴《いただ》かずという死闘を演ずるに至ったのか、是が分らないのである」と述べている。

クーデターが、江藤新平を狙ったものか、西郷隆盛を狙ったものなのか、という明治六年政変の真相を究明するためには、西郷と大久保との親友関係、そしてそれが所謂《いわゆる》征韓論で袂《たもと》を分かつことになったと一般にいわれていることの真偽《しんぎ》について、検証してみることが必要である。

西郷と大久保との関係を調べていくと、ほんとうに親友だったのだろうかと首をかしげたくなるような、親しい友だったらとても考えられないような仕打ちを、大久保は西郷に対して行っている。

例として、福岡黒田藩贋札《がんさつ》事件がある。

明治政府は貨幣制度を確立したが、初期の混乱の時代、各藩はそれぞれに貨幣・紙幣を乱発した。この各藩貨幣の中止・整理の命令に反して福岡藩では使用していたので、贋札事件として明治三年七月、弾正台《だんじょうだい》から摘発された。

福岡藩主だった黒田長溥《ながひろ》は、島津家出身で、西郷にとっては主君であり、師であり、神とも仰いだ島津斉彬が藩主を相続する際のお由良《ゆら》騒動の時、斉彬就任に尽力し、斉彬の活動を支援してきた人物である。

西郷は鹿児島の大参事だったが、鹿児島はほったらかして福岡へ急行した。そして、藩主の責任にならぬよう弾正台に依頼し、福岡藩の大参事立花増実に大久保への書状を託して東上させた。

西郷は書状で、われわれは維新運動以来、福岡藩から格別の恩を受けており、この危難をよそにいたし候訳には参らないので、藩主に罪が及ばないよう善処して欲しい、と懇願した。

さらに、「弾正台の御職掌と申すは、贋札様《よう》の小さな事に御目をつけさせられ候ものにはござ有《ある》まじく、かかる眼前の小事に御目がつき候ては、つまりは苛察《かさつ》の御政体に立到り申すべく……」と、福岡藩を擁護するあまり弾正台の役人も批判している。

ところが大久保は、福岡藩を厳罰に処して明治政府の威厳を示そうと、岩倉へ手紙を書いている。

困難な廃藩置県の実行には徳望・威望のある西郷の力が必要ということで、中央政府へ引っ張り出されて参議に就任した明治四年六月二十五日から一週間後の七月二日に、大蔵卿大久保らによる処分が出された。知藩事黒田長知《ながとも》は罷免閉門《ひめんへいもん》、大参事立花増美以下五人斬罪という厳しいものだった。

さらに追討ちをかけるように、福岡藩は全国に先がけて廃藩置県された。

西郷としては闇討ちにあったようなものだとの批評もあるように、懇願は無視され、福岡藩は一罰百戒《いちばつひゃっかい》の対象にされてしまい、大恩のある福岡藩を救えず、面目丸つぶれにされ、悲しみ、憤っている。

もう一例だが、明治十年一月下旬に、私学校の血気の青年たちが挑発に乗って軍の火薬庫を襲った事件について、大久保は十年二月七日、京都出張中の伊藤博文へ、「たとえ西郷不同意にて説諭を加ゆるにしても、到底此度は破れに相違なし」と予想し、「さりながら此節の端緒《たんちょ》よりしてもし干戈《かんか》と相成り候えば、名もなく義もなく、実に天下後世中外に対しても一辞柄の以て言訳も相立たざる次第、実に曲直分明、正々堂々、其罪を鳴らし鼓《つづみ》を打て之《これ》を討せば、誰かこれを間然するものあらん。就ては此節事端を此事に発《ひら》きしは誠に朝廷不幸の幸と、ひそかに心中には笑を生じ候くらいにこれ有り候」と、討伐《とうばつ》へ向けて笑《え》みを浮かべ、冷酷非情な書状を書いている。

この西郷と大久保の関係については、南日本新聞元論説委員長で西郷南洲研究の権威でもある鮫島志芽太氏の「西郷と大久保の関係――その歴史的な意味と力」など秀れた実証的研究がある。これは、「西郷と大久保は竹馬の友」という定説を覆《くつがえ》した論説でもあり、西郷と大久保という幕末維新を動かした二大巨人の関係に一石を投じ、幕末維新の重大事件の解釈にも影響を及ぼす重要な実証的研究なので、その根拠となる要旨について詳しく紹介してみたい。

大久保利通の生地は、維新の偉人を輩出した加治屋町で、西郷隆盛と兄弟の如くして育った、というのが通説であるが、実は大久保利通は鹿児島城下の高麗町《これまち》で生まれた。三つ年上の西郷隆盛が生まれた下加治屋町《したかじやまち》とは、甲突川を挟んだ外側の対岸の地であることを、現在、名所になっている加治屋町にある「大久保利通君誕生之地」の石碑建設に伴う話題から次のように説明している

明治二十二年三月、この石碑が公開されるころ、「大久保どんの誕生地は、加治屋町ではない、高麗町である」という有力な説が出てきた。その口火を切った人は、有村蓮《れん》さんだった。有村俊斎《しゅんさい》（長男、のちの海江田信義）、雄助（二男、桜田門外の井伊大老襲撃事件で切腹）、次左衛門（三男、井伊大老の首級をあげて討死）の三兄弟の母である。三兄弟は西郷、大久保の同志だった。

「正助（利通の幼名）さんが生れやしたときは、私どもも、同じ高麗町の隣組に居り申した。私は御祝のこしごめ（おこし菓子）を持って、源兵洲の大久保家へ行き、この手で赤子の正助さんを抱きあげもした……大変な喜びかたでござい申した……」

有村蓮さんは、こう言ったという。彼女は当時、蓮寿院といい、歌人だった。西郷、大久保の誕生碑ができたときは八十歳、鹿児島の有名人だったようだ。

この発言で、碑建設の世話人であった加治屋町の有力者たちは、困ってしまった。その結果、石碑の表題は「大久保利通君誕生之地」であるが、説明文は「……此処、即ち君之宅址也」となったといわれる。

この西郷、大久保の誕生碑については、もう一つ、書き残しておきたいエピソードがある。この話と前記のこととを合わせて、二人の石碑銘文を読めば、なるほどと合点がいく。

明治二十二年二月十一日、大日本帝国憲法発布の記念恩赦で、西郷隆盛の「国賊」の罪名が除かれることを聞いた加治屋町の有志が、その前年に上京、この際、大西郷の誕生地に記念碑を建てたいと、在京の加治屋町出身の有力者に援助を依頼した。皆、賛成した。が、最有力者の大山巌《いわお》が条件をつけた。

「そんた、おいも、大賛成じゃ。うどさあん従弟《いとこ》として、礼を言わにゃないもはん。じゃっどんな、大久保どんののも、いっしょに作いやい、片手落ちにならんごつな。そして、一寸、違わんごっ、ぜんぶ、平等に、同じもんを作りやんせ。そげんしやらんとなら、おいどんは知いもはん……」と大山はきっぱりと言った。当時、鹿児島では「大久保利通」の名を出すことも、はばかられた。明治十年の西南の役の戦死傷者、被刑罰者の多数の貧困家族が、涙をのんで耐えていたのである。この人々は大久保を、「郷党の義」に反した卑怯者として、共に天を仰がない気分になっていた。加治屋町の有志は、胸を衝かれる思いだった。それでも、大西郷の従弟の大山の言うことを、聞き入れないわけにはいかなかった。

このことが、西郷、大久保の誕生碑を、全く同じ石、同じ形、同じ銘文にさせたのである。それで、大久保の誕生地が高麗町であると分かっても、目をつぶるほかなかったと言える。

また、大久保が下加治屋町に移り住んだ時期は正確には分からないとした上で、次のような見方も述べている。

『薩藩沿革地図』（昭和十年、鹿児島市編）に「天保十四年・鹿児島城下絵図」が転収されている。原図は市立美術館所蔵。この絵図の高麗町に「大久保次右衛門」宅がある。現在のＭＢＣ放送、ないし鹿児島女子大学付属高校の付近に当たる。この地は、当時、新開地で一区画・五畝（百五十坪）の割当てだった。表題の通り、天保十四年の絵図ならば、利通は十五歳までは、高麗町に居たことになる。

なお、勝田孫弥著『大久保利通伝』（明治四十三年刊）、鹿児島市三方限（上之園町、高麗町、上荒田町）、名士顕彰会編『三方限名士略伝』（昭和十年刊）などには、大久保の誕生地を高麗町と明示している。

以上のことから、二人は同じ方限《ほうぎり》では、生まれなかったし、少年の前期までは、別々の郷中《ごじゅう》で、教育をうけていた。

竹馬の友でないことは、大久保本人の日記が語っている、と「大久保日記」からも論証している。

大久保が十九歳の時に書いた日記は、途中が抜けて百余日間の記事だが、西郷吉之助の名が出てくるのは四回で、それも、角力《すもう》見物の時西郷氏などが来ていたとか、妙円寺参詣で西郷らに会ったとかの記録である。

西郷は当時二十二歳で、下加治屋郷中の二才頭《にせがしら》だったから、もっと記事に出て来てもよいはずである。

他の大久保文書によっても、大久保が加治屋町の西郷グループと交わっていたという証拠はつかめなかった。

西郷と大久保が、かなり親しく交流するようになったのは、嘉永三年の「お由羅《ゆら》騒動《そうどう》」事件の頃からで、西郷は二十三歳、大久保二十歳だった。

しかし、だからといって、ある時期に、深い親交がなかったというのではない。がっちり協力しなかったというのでもない。

ただ、竹馬の友だから親友である、親友であるから刎頸《ふんけい》の交わりだった、というような認識を前提にしてしまうと、二人の人物評価も、薩摩藩が全藩を統一して明治維新の主動力になった要因の分析も、適切を欠くことになる。西南の役の真相も、わからなくなってしまう。

それほどに、二人の関係は、私たちにとって、重要な歴史的意味内容をもっているわけだ。

ここで私の考える問題のキーポイントを一言するとすれば、それは、およそ薩摩的でない大久保という人物の正体を、しっかりつかんでかからなければならない……そのためには、まず彼の幼少年時代、次に青年期を正確に知る必要があるということである。

大久保は、三つ年上の、いわゆる大西郷をも、いつでも痛烈に批判する性格の男として育っている。それにもかかわらず、西郷の衆望を借りなくては、どうしようもなく、大久保の野望（目的）は果たすことができなかった。二人の関係の本質は、ここに根ざしている。


その上で、鮫島氏は、このことが倒幕・明治維新への貢献という意義とともに、西南戦争への悲劇ともなったと次のように結論づけているが、私も全く同感である。

二人のいわば異質のすぐれた人物の協力し合ったことの歴史的意味の大きさである。二人が最もよく協力した時期は、元治元年（一八六四）三月から明治元年（一八六八）十月の四年余であった。明治維新前夜の狂瀾怒濤《きょうらんどとう》の時代だった。西郷ピッチャーと大久保キャッチャーの名バッテリーの時代で薩摩チームの久光監督も、つけ入るスキがないほどだった。もっとも、桂久武《かつらひさたけ》家老、蓑田伝兵衛《みのだでんべえ》御小納戸など、裏方の名コーチの働きがあったからでもある。

大久保が西郷の竹馬の友でなく、異質の性格の傑物だったことは、藩のためにも、明治維新のためにも、大きな意味と力を発揮した。と同時に西南の役の発生を止め得ないことにもなった。

鮫島志芽太氏は前記論文の中で、出生地について西郷は下加治屋町、大久保は甲突川を挟んで対岸の高麗町であり、友人関係についても、西郷は下加治屋郷中の二才頭（青少年のリーダー）だったので、三歳下でもある大久保が竹馬の友なら当時の「大久保日記」に西郷についての記述が出てくるはずなのに、妙円寺参詣で西郷らに会ったとかいう程度のものが四回出てくる程度であまりに少なく、他の大久保の文書でも、大久保が加治屋町の西郷のグループと交友していたという証拠は掴めなかった、などという具体的実証的な研究に基づいた結果を発表された。

鮫島氏はその後平成二年に、『国にも金にも嵌まらず』という著書をサイマル出版会から発刊され、その中でも、西郷と大久保竹馬の友説への疑問を投げかけ定説を覆《くつがえ》す説として注目をあびた。

だが、竹馬の友説とか、竹馬の友で変わらぬ親しい友情を征韓論争まで持ち続けたという通説は変わることなく、政治的事件についての解説も、竹馬の友を前提に行われているようである。

私も長年、二人は親友と思ってきたが、西郷と大久保は、風采、性格、理想、考え方など、正反対と言ってもよいほど相違しており、二十数年という期間、親友的関係が保たれたのは不思議なほどである。

それは、大器量で無私無欲の西郷が、三歳下の大久保の天性の政治家的資質と冷徹で堅忍不抜、現実を処理する卓抜した能力などを高く評価して受け入れ、天性の愛情深さと思いやりをもって接したことに理由があったようである。

一方大久保は、西郷を先輩として敬愛しながら、情勢の変化に応じて、ある時は防波堤として利用したり、ある時は見捨てたりしながら、明治維新前夜の風雲急を告げる時には盟友として、二人三脚で討幕維新の大業を達成した。

西郷は人間を信じ思いやりがあったので、大久保に利用されることがあっても同志として手を携えてきたが、大久保の権力・地位への執念が西郷を裏切っていた時に、ついに訣別《けつべつ》へと進んだと思われる。

2　友情破裂の原因と時期

（1）明治六年五月二十七日頃、帰国の大久保と西郷の会談での約定書違反
西郷と大久保の友情破裂について、戦前・戦中に、東大国史学科教授であり、皇国史観の指導者として一世を風靡《ふうび》し、日本史学界に大きな影響力を持った平泉澄《ひらいずみきよし》教授も、戦後の著書『首丘の人大西郷』の中で、外征か内治かという通説に疑問を提

起し、明治六年政変は、岩倉・大久保ら遣外使節団が外遊中に、西郷留守内閣は官制や人事に手直しまたは一切の新規の処置は差し控えるという約定だったのに、西郷留守内閣が適宜・適切な対応措置や改革をしたので、大久保が約定違反と非難し、西郷と大久保の意見が衝突し、多年の友情は破裂し仇敵のようになったことが原因で、つきつめていくと西郷と大久保の対立抗争であると、次のような要旨を述べている。

明治六年十月十四日、十五日、両日にわたる閣議と、その後数日間の騒動を経て、十月二十二日西郷の失脚に至る九日間の動き、是れはどう考えても尋常では無く、埒外《らちがい》に在る者から見れば、まことに理解しにくい。朝鮮へ使節として自分を派遣してほしいと云う西郷の要求も頑固執拗《しつよう》に過ぎて異常であれば、之に反対してあくまで阻止しようとする大久保の暗躍《あんやく》も正気の沙汰では無い。（略）

十月の閣議と引続く数日間の重臣要路《ようろ》の動きを見る時、対立の両極は、西郷と大久保であって、その他の人々は、此の両極のいずれに附くかだけが問題であって、両極以外には、立場も無く、意見もなく、あの豪気英邁なる岩倉にしても、閣議では西郷側に附き、後に大久保の秘策によって鞍替《くらが》えして大久保に附いただけの事、本来ならば三条太政大臣と岩倉右大臣とが両極を止揚して、更に雄大なる解決をしてほしい所であるが、結局それが出来ず、初めは西郷を恐れ、後には大久保に惹かれて動揺した事を歎《なげ》く外は無い。

そこで問題は、西郷と大久保との両雄、もともと同郷の竹馬の友、提携して討幕に当たり、維新回天の偉業を成した親友、それが一体何時《いつ》いかなる事情によって喧嘩するに至り、それも単なる不和では無く、彼を殺すか、自分が死ぬか、生きて倶《とも》に天を戴《いただ》かずという死闘を演ずるに至ったのか、是れが分からないのである。（略）

明治六年十月の政変に就いて、世間に通用している解釈は、外征と内治、いずれが急務であるかの争であって、先ず国内の整備に努め、国力の充実を図り、それが一応成功した後に外国関係の改善に当るべしとする議論が勝ち、急いで外の問題を解決しようとする方が敗れたのだとするのであるが、此の説によっては、明治七年四月、兵を出して台湾を討ち、八月大久保を大使として清国と交渉を始め、八年五月露国との間に千島と樺太との交換を約定し、九月軍艦を派遣して朝鮮と交渉し、江華島問題を談判した一連の対外交渉は、之を何と解すべきか、矛盾に苦しむであろう。

その矛盾を最も早く指摘したものは、明治十年十月に書かれた福沢諭吉の『丁丑《ていちゅう》公論』である。（略）

今や当事者の日記書輸のほぼ出揃ったところで、之を比較対照しつつ吟味するに。

（一）朝鮮遣使に就いての西郷の希望は、最後の閣議に於いて肯定せられ、席上一人として異議を唱える者は無かった事。
（二）閣議終了の後、大久保の秘密工作が始まり、西郷の希望を阻止する体制が堅固に構築せられた事。
（三）西郷は閣議の決定に従って前進しようとして図らずも此の阻止体制に触れ、

即時辞職して政府を去った事。

（三）軋轢《あつれき》の根本は朝鮮問題にあらずして、西郷、大久保両人心情の疎隔《そかく》に在った事。

（七）西郷、大久保の両人が本来親友の関係であったのに、俄《にわか》に不倶戴天《ふぐたいてん》の敵となったのは、明治六年五月、帰朝直後の大久保が西郷をたずねて面談した日の衝突に始まったと考えられる事。

（八）両雄衝突の原因は、明治四年十一月、洋行者と残留者との間に取替わされたる約定書にあった事。

（九）約定書は大使一行不在の間、残留者は、人事制度万般に亙り、一切新規の処置を差控え、若し必要あれば出先きに連絡して大使の決裁を乞うべしとしているが、大変革直後の国情に於いて足掛け三年政治を釘付にするは本来不可能である事。

（十）留守の大官は西郷を以て代表とし実力者としたが、問題の起るや西郷は敏速に親切に処置して之を解決鎮定したので、もし西郷の威望が無かったならば、大混乱に陥ったであろうと思われる事。
（十一）西郷が洋行者より非難を受けたのは、留守中無為に日を送ったが為でなくして、あまりに親切に処置し、適切に手当した点が、一切新規の処置を差控えると云う約定書に違反し、洋行者から見れば余計な手出しをした事けしからぬと云う点に在る事。
と評されている。

なお、平泉澄元東大教授は、西欧における中世史研究の動向を視野に入れた斬新な学風で新進の国史学者として注目されたが、皇国史観で戦前・戦中の歴史学界に影響を与え、東大で日本思想史講座と国史学講座を担当し大きな影響力を持った学者である。

敗戦の昭和二十年八月十五日には辞職し、荷車に書籍を積んで東大を去り、故郷の福井県平泉寺町の白山神社で、神官として講和条約まで幽因といわれる生活を送った。名利やポストに恋々とせず、精神を重んじ、史実を探求した学者である。

平泉元教授は、西郷書翰全部四百十五通を調べ、西郷より大久保に宛てた書翰は百四通で四分の一に当たり、両者の交際極めて緊密であったことを示し、それは安政六年正月に始まって、明治五年八月に終わり、その間十四年にわたるが、終始礼儀正しくして、懇切丁寧であって友情に充ちている、と述べられている。

その友情が、いつまで続いていったかを見ていくと、明治五年八月十二日、西郷よりロンドン滞在中の大久保に宛てた書状が出てきて、その時まで両雄の友情に変わりのないことを把握されている。その友情が消滅し、親友一変して怨敵《おんてき》となるのは、明治五年八月十二日以後、同六年七月二十九日以前、約一年間のある時点でなければならない、と指摘されている。

大久保が同郷の先輩にして従来親友であった筈の西郷に対して憎悪《ぞうお》の感をいただくに至ったのは、韓国遣使の事が問題となったより前、明治六年五月二十六日欧州より帰朝した時に始まるものであり、帰朝して留守をあづかってゐた西郷が、大使一行出発時取交した約定書に反し、大使の承認を経ずして勝手に人事及び制度の異動変改を行ったのを見て激怒し、西郷に会って之を面詰《めんきつ》するに及んで、両人の友情は断絶し、盟友却って仇敵《きゅうてき》の如き関係に変じたであらう。彼の約定書は、恐らく大久保の発案であったらうと思はれるが、もともと無理な約束であって、廃藩置県直後の国情、国民塗炭《とたん》の苦しみに在り、世運激流の如き変動期に、政府の首脳手を携えて外国へ旅行し、足掛け三年の長き留守の間、人事も制度も変更せず、元のままの姿で待って居れとは、ずいぶん人を食った発想である。と評されている。

平泉元教授は、西郷と大久保両雄衝突の原因は、明治四年十一月、洋行者と残留者との間に取り交わされたる約定書に西郷が違反し、後藤象二郎、大木喬任、江藤新平らを大久保大蔵卿より上位の参議に就任させたり、兵部省を陸軍省と海軍省に分け、御親兵を近衛兵とするなど、人事異動、組織の改正や諸改革を推進しているが、これは一切新規の処置を差し控えるという約定書違反だと大久保が西郷を非難し、大衝突となり、お互いに顔を見るのも否なら、話をするのも真平《まっぴら》という異常な関係に陥ったと推測されている。

その後の大久保の行動は不思議で、大蔵卿という要職にありながら格別政務も見ず、八月十六日から東京・関西の名所旧蹟遊覧の旅を一カ月余りして、九月二十一日に東京に帰っている。

これは、西郷と顔を合わせたくない、話もしたくないということなのだろうが、五月二六日帰国直後の会談は、約定書違反をめぐる非難と反論だけだったのだろうか。それだけのことで多年の友情は一挙に冷却して、不倶戴天《ふぐたいてん》の仇敵関係になるのだろうかという疑問が残る。

大久保が、ヨーロッパ外遊で、国権主義的支配体制と絶対専制的官僚政治に感心して、これを実現しようと帰ってくると、西郷留守内閣は人民主権的・民主的改革に向かってばく進しており、大久保が苦手《にがて》の政敵である論理的頭脳と鋭い弁論の持ち主の江藤新平の急進的理想主義路線の同調者に西郷はなっている。大久保が怒り心頭に発して、西郷を激しく非難したことは理解できる。

だからといって、陰険な権謀術数で西郷を政権から追放し、その後明治九年までに三条太政大臣と岩倉右大臣とが、西郷の参議復帰を度々大久保に相談してもこれを拒絶し、西郷と手紙による交際すら絶《た》っているのは、不可解である。

ここで注目されるのは、大久保からの外遊前半の一年間ほどは、親愛な手紙のやりとりが西郷と大久保との間になされている。

問題は、明治六年になって、西郷の方にもなにかがあったかである。

大久保の政敵でもある江藤新平と後藤象二郎らの参議就任は、明治六年四月十九日である。

大久保の帰国は五月二十六日、木戸の帰国は七月二十三日、岩倉大使一行の帰国は九月十三日である。

威望と調整力には定評のある西郷が、この時期に、なぜ大久保がいやがる人事を断行したかである。

(2) 十一年前の寺田屋事変で西郷永久流罪に大久保のざん言情報

明治五年十一月、島津久光は西郷詰問十四カ条を発表した。久光から太政大臣三条実美あての文書を見て西郷は驚き、帰省願いを出して東京から鹿児島へ帰省した。帰省の翌日、鹿児島県令大山綱良と同伴で久光に会い、詰問を受けた。その後、西郷は詰問状の内容にあきれはてながら、久光執事あて詫び状を提出した。

その後、久光の許しが出るまでとかいう理由で、明治六年三月まで四カ月間鹿児島に滞在している。

筆頭参議で大蔵省事務監督も兼ねている西郷が四カ月も東京を留守にしているというのは異常で、明治五年十二月には久光の許しも出ていたという説もあり、西郷の事情によるものではないかとの見方もある。

この明治五年十一月から、明治六年三月までの四カ月間の鹿児島滞在中に、十一年前、文久二年の寺田屋事変前の西郷の言動が島津久光を激怒させることになったざん言者について、その一人に大久保も入っていたという情報、それも信頼すべき関係者の情報として入ってきたようである。

もし事実とすれば、西郷は信愛してきた大久保に裏切られ、売られたことにもなる重大な事柄である。

明治六年五月二十七日頃、大久保帰国の再会の際、西郷はこの寺田屋事変前の件について、大久保に問いただしたのではなかろうかと思われる。

もし、これが真実だったとしたなら、多年の友情は一時に冷却どころか破裂してしまうことになる事件なので、これについて述べてみたい。


鹿児島には久光の側近である中山仲左衛門・市来四郎・大山綱良など寺田屋事変にも久光とともに関与した人々がいた。西郷は久光詰問状の誤解を解くためにも、この側近の人たちと会い折衝を重ねたと思われる。

特に中山仲左衛門は、寺田屋事変の前後、小松帯刀・大久保利通・伊地知貞馨と並んで久光側近四天王といわれた人で、当時の事情に精通している人である。

中山仲左衛門は、薩英戦争後復権した寺田屋残党から追求攻撃を受けるなど、寺田屋事変の悪役的責任をすべて押しつけられ、桜島地頭に左遷されたりした。

中山は、大久保を恨んでいたが、西郷には親近感を持っていたという見方もあり、久光公と側近会議の真相や、西郷への大久保のざん言について事実を話したと思われる。

西郷が下関から大阪へ行く時一通の書き置きも残さず勝手に行ったとか、西郷は浪人と結合して暴発の企てをしていると大久保が久光に報告したという永久流罪の原因になった件、西郷の永久流罪の赦免召還嘆願《たんがん》は高崎正風たちが切腹覚悟でやったという話など、赦免《しゃめん》にも大久保が尽力してくれたと長年勘違いしていた西郷は驚愕《きょうがく》したと思われる。長年大久保を信愛してきた西郷としては、真否を確認するため、関係者に会って確かめたかったのであろう。

西郷にとって沖永良部島への苛酷な永久流罪は、生涯を牢獄生活で送らねばならなかった重要問題であり、生半可《なまはんか》な事柄ではない。それも十数年に及ぶ大久保との親友関係・盟友関係に影を落とす重大事項である。

西郷の人物・性格について、海音寺潮五郎氏は、「英雄的な風貌、ものに動じない山のように沈着な態度、決断する場合の凄さ、誠実、潔癖《けっぺき》な心情、他の長所に素直に感心できる謙虚さ、豊かな愛情、そして大らかな性質であるが、感情の強い人柄で、その好悪の感情は、心術の清潔・不清潔と正・邪にあり、不潔な心事、邪悪な心術をぜったいに許せない人であった」と述べている。

西郷は大久保との友人関係は、美しい友情で結ばれたものと長年信じてきたが、自己保身と栄達のためには、西郷を永久流罪へと裏切ったとすれば、ことは重大であり、四カ月近く滞在期間も延長して、久光側近の市来四郎・大山綱良などや、元精忠組の関係者などと会って情報収集、調査確認に努めたと思われる。

そして明治六年三月末に鹿児島発で四月初旬東京へ帰り、四月十九日には、大久保の政敵である江藤新平と後藤象二郎を、大久保より上位官職の参議に昇任させている。

そして、五月二十六日帰国した大久保は西郷と会談した後、二度と西郷と会おうとせず、関西の名所旧蹟観光に一カ月以上行っている。

一方西郷も不可解ともいえる行動をとっている。

明治六年三月十九日に、外務卿副島種臣《そえじまたねおみ》が清国《しんこく》行きの途中鹿児島に寄港し、西郷を訪問し会談している。その後、西郷は上京することになるが、その際、開拓用の開墾道具一式を持参している。

そして閣議へ、北方鎮台を設置して自分が司令官となり、篠原国幹《しのはらくにもと》（近衛局長）を樺太分営司令官に充てたいと提案している。

そして開拓次官黒田清隆へ「我れ北方行きを決意せり」という手紙も出している。

だが閣議は、筆頭参議の西郷が北方問題に専念されては困るということで棚上げにしてしまった。

西郷は、主君であり、師でもあった斉彬の樺太の積極的な植民・開拓の遺志を実践したいという思いもあったのであろう。それと親友と信じてきたのに、保身のため裏切って永久流罪へと追い込んだ大久保と顔を合わせたくないために、北方行きを志願したのではなかろうか。

そして、明治六年十月十四日の閣議で、西郷の大久保への対応である。

これまで西郷は公式の席でも、大久保を「一蔵どん」と親しみを込めて呼んでいた。ところが、この日は「大久保参議」という他人行儀な呼び方をしたという。

そして大久保が、「八月の西郷遣韓使節決定閣議は、留守中大事を決めない約束で無効で、留守中大事を決め、約束を破ったのは卑怯だ」と言ったのに西郷が怒り、「どっちが卑怯か自分の胸に聞け」と応酬《おうしゅう》し、ついにたがいに卑怯者呼ばわりの大喧嘩《げんか》となり、皆息をこらして両者を見まもるだけの有様だったという。めったに自己主張はしない西郷と冷徹な大久保が、大声でどなりあう凄《すさ》まじい大喧嘩をやったというから、友情は破裂していたのであろう。

列席していた参議の板垣退助は、「このときの西郷、大久保の議論は、感情に走って、ややもすれば道理の外に出ていた。一座は呆然として、口をはさむ余地のない光景だった」と、閣議の様子を語っている。

3　寺田屋事変と永久流罪の真相

（1）須磨の心中美談の疑問

文久二（一八六二）年四月、薩摩藩主島津忠義《ただよし》の実父で国父《こくふ》とか大殿《おおとの》と呼ばれていた島津久光は、公武合体《こうぶがったい》の意図をもって武装藩兵を率いて上洛《じょうらく》したが、薩摩藩精忠組尊王急進派と長州藩及び諸藩の尊王攘夷派の志士たちは、久光の上洛を好機到来と見て、関白九条尚忠《ひさただ》と所司代酒井忠義《ただよし》を襲撃殺害して京の支配権を握り、久光に勅命を下して巻き込み、討幕の挙兵をしようとしていた。

久光の率兵《そっぺい》東上計画は、側近たちだけで秘密主義で準備を進めてきたので、東上の真意は討幕であるというような誤解を与えてきていた。

大久保は、この情勢では久光の東上が不測の事態に捲き込まれかねないと不安になってきた。そこで、指宿温泉に二週間とどまっていた西郷に帰ってきてもらい、頼み込んだ。

「この前献策《けんさく》で心配されたとおり、京で異変が起こりそうな情勢になってまいりました。なんとか志士たちを説得し、暴発せんよう、統制役になってもらえんでしょうか」

「わかいもした。志士たちが軽挙暴発《けいきょぼうはつ》せんよう、身体を張って説得しましょう」

大久保は久光に、東上の噂に諸藩の志士たちが騒ぎそうなので統制役が必要だと説明して、西郷を統制役にしたいと説いた。久光は、西郷を使う気はなくなっていたが、九州各地の情勢を視察させ、下関で久光の一行を待つということにして先発させた。

西郷は村田新八《むらたしんぱち》と一緒に三月十三日、鹿児島を出発し、肥後、筑後の情勢を見て、三月二十三日、下関の豪商白石正一郎宅に着いた。そこで、先発していた森山新蔵《もりやましんぞう》から報告を聞いていると、止宿していた平野国臣、豊後岡藩の小河一敏らが会いにきた。

平野に対し西郷は、「いよいよとなったら、あなた方とともに死んで、五年前からの借金払いをします」と語り、平野を感激させた。

「五年前からの借金」とは、安政の大獄で追われた京都清水寺成就院《じょうじゅいん》の月照《げっしょう》上人を鹿児島へ案内してきたのが平野であり、この月照上人を藩当局は保護せず「日向送り」とすることにしたので、月照上人と西郷、平野らは藩の用意した舟で錦江湾を福山へ向かう途中、西郷は月照上人と海中に身を投じ、驚いた平野たちが海中から引き揚げたが、月照上人は息絶え、西郷は呼吸があって蘇生《そせい》した時のことを指し、あの時死ぬべき身であったので、今度はあなた方とともに死のう、という意味である。

平野の紹介で西郷に会った小河一敏は、

「初めて西郷に会ったが、まことに勇威たくましく、胆略世にすぐれた風貌で、今の世にこんな人があろうとは思われないほどであった。西郷はとりわけさし含んだ話をしましたが、きわめて大事をなし得る人物で、かかる勇士もあればあるものと感心しました」

と述べている。

その後、平野らは西郷に告げた。

「京坂の地には、田中河内介、清河八郎、土佐の吉村寅太郎《よしむらとらたろう》、長州の久坂玄瑞《くさかげんずい》や九州各藩の志士たちが続々と来集し、三百人程になるということです。我々もすぐ船で大坂に向かいます」

西郷は、事態が予想以上に緊迫してきていることに驚いた。

「新八どん、新蔵どん、この人々は久光公が思い切った大志を抱いて上洛されると聞き生国を捨て、家族と別れ、決死の覚悟で出て死地の思いです。死地に入らず候ては死地の兵を救うこと出来申さずという言もある。身体を張って志士たちを統制するため、大坂に向かいもそ」

村田新八も森山新蔵も、西郷が精忠組尊王急進派を「強者と闘う純真無垢《じゅんしんむく》の情熱を持ち、国の宝である」と評価しているのを聞かされていた。村田も精忠組尊王急進派の同志である。

「はい、時期が来るまで早まったことせんよう説得しましょう」

西郷は村田と森山を伴って下関を発《た》ち、大坂に入った。

志士たちは、薩摩を中心に、日向佐土原、久留米、筑後、岡、秋月、肥後など九州の集団と、吉田松陰門下を核とした長州の集団とに分かれて集結していた。

長州藩は久光東上の噂に衝撃を受けて興奮し、藩命による非公式な藩使節として来原良蔵らを薩摩に送り、薩摩藩の真意をただし、真に討幕挙兵をするのなら連携をしよう、と申し入れていた。

だが大久保たちは、久光東上の目的が公式合体であることを明らかにしなかったので、武装藩兵東上の準備を見聞して討幕であろうと推測した。

そこで、松下村塾出身の久坂玄瑞、品川弥二郎らを中心に数十人が大坂長州藩屋敷に待機し、さらに重臣の浦靭負《ゆきえ》が百余人の兵を率いて長州から上ってきつつあった。

「諸藩の志士、大坂に来集するもの、その数三百人を下らず、島津氏一たび動かば、すなわちまさに相呼応《あいこおう》して起たんとせり」と、『防長回天史』が記しているような状況にあった。

西郷は、長州藩大坂留守居役宍戸《ししど》左馬助《さまのすけ》に会って説得した後、有志代表になっている久坂玄瑞に会って説得した。

九州集団の有志代表になっている精忠組尊王急進派幹部の柴山愛次郎《しばやまあいじろう》と橋口壮助《はしぐちそうすけ》は、西郷を尊敬し、信頼していたので、西郷の説得に「おまかせします」と答えた。西郷の死地に入る覚悟の説得で、志士たちは鎮静化しつつあった。

一方、下関に着いた久光は、「九州の情勢視察をして下関で余の到着を待て」と

いう命令に違反して、諸藩の志士統制のため上坂したことに立腹した。さらに堀次郎（伊地知貞馨）と有村俊斎（海江田信義《かいえだのぶよし》）が、

「西郷は、若い者どもを煽動《せんどう》し、他藩士や浪士らと謀議し、久光様を暴動に引き入れる計画をめぐらしている」

と報告したため、激怒した。

久光の怒りが激しいのを知り、大久保は西郷を誘って須磨の海岸に向かい、砂浜に向かい合って坐った。

ここから、各本にも書かれている西郷と大久保の友情あふれる劇的な場面である。

「おはんが、激徒の鎮撫統制に尽くしておられることを久光公に申し上げ、お怒りをなだめたいと思っておったのでごわすが、お目通りを許してくださらん。お怒りはわしにも及んでいるようでごわんす。おはんのなさったことは、わしが頼み、相談したことでごわんす。おはんが捕えられ縄目《なわめ》の恥を受けさせるようなことがあれば、わしも生きている甲斐がござらん。一緒に刺し違えて死にもそ。わしも決心してこの浜に来たのでごわんす」

大久保の申し出に西郷は答えた。

「大久保どん、刺し違えて死のうとは、いつものおはんらしからぬ浅慮なことばでごわすぞ。わしら二人がここで死んだら、天下のこと、薩摩のことはどうないもす。もし久光公がわしに切腹を命じられても、死ぬのはわし一人でよか。おはんは、あとに残ってわしの分まで働いてくだされ」

この話の出所は、京都伏見の薩摩藩邸留守居役の本田親男《ほんだちかお》が、大久保から秘中の秘として聞いたということである。

西郷は誰にも語っていないから、大久保が言わなければ分からない二人だけの対話である。

この須磨の友情あふれる劇的美談について、井上清京都大学名誉教授は、

「この話は面白く出来すぎている気がする。大久保の性格からしても、ここで死のうなど本気で言い出すとは考えられない。（略）それはおそらく、西郷に甘んじて罪を受けさせるために打った芝居であろう。この日の彼の日記には、『拙子も既

に決断を申入候、何分安心にて無此上、則御前へ相伺候処……』とある。本当に刺し違いを決意したものが、その後で安心此上無しなどと書けるだろうか」と述べている。

鮫島志芽太氏も、このことについて次のような見方をしている。

「大久保が四月九日の（須磨の対談があった日）の日記に、『西郷が従容《しゅうよう》として許諾《きょだく》…安心にて、この上なし』と書いていることで、解釈上の論争がある。大久保は、何を『安心この上なし』としたのか。それは西郷が久光の処分を受けつけず、『俺《おい》にも弁明は許されてよかろう……一方考えで、誤解されて、切腹などさせられるような尊大、横暴の命令に従うわけにはいかん』と言って、脱藩、浪士となり、西郷を慕っている藩の急進分子や若者たちがついていくかもしれないことを、大久保は心配していた。それがなくなって安心したのだ、という説が妥当なようだ。大久保の一番の心配は、同志や若者たちの脱藩、暴発だったからだ。大久保の存在基盤は精忠組にあるわけである。現実に、このあと十二日後の四月二十三日には、寺田屋事件が起こるのだ。既に精忠組のかなりの数が、有馬新七らと脱藩して、実力行動に出ようとしていたのである」

また、大久保が、須磨の浜辺で西郷に刺し違えて死のうと言ったことについて、

「二人で死ぬぐらいだったら、なぜ、大久保は死を覚悟して、主人・久光に西郷のことを弁明し通さなかったのか。それは結局、大久保が本来持っている怜悧《れいり》な明察力が、そうさせなかったのだと言える。このことは大久保が青年前期に、家計に苦しんで育った過去と無関係であるまい。その一年十カ月後の元治元年二月、沖永良部島の獄囚だった西郷の帰還を、精忠組の有志が切腹を覚悟して、久光に陳情し、許された事実と比較した場合、情勢の変化を勘案するとしても、やはり人となりの相違を感ぜざるを得ない。明察できないことはやらない、それが現実政治家の合理主義であろう」

そして大久保は、「両雄差し違え」に西郷が同調しないことを明察した上で、大芝居を打ったと結論づけている。

「大久保は、西郷と二人とも死んだら、何にもならないことぐらい、よく分かっていたはずだ。あの場合、薩摩武士としての友義の処理をどうつけるかが、問題だったのだといえる。大久保は、結果的に大芝居を打ったのである。それだけの胆略を使える男だったのだ。大久保はあの事件で、久光という人物の感情のあり方を知ったであろう。だから強くは押さなかった。寺田屋事件に、久光の指示以外の『手』をうった形跡のないことも、それらのことを裏づけていはしないか」

その他、大久保のような克己心の強い人物が、なぜ死のうと言ったのか、おそらく西郷に甘んじて罪を受けさせるための芝居であったのではないか、と友情美談説に疑問を持つ作家も多くなってきている。

須磨の浜辺での対話の後、大久保が久光の宿所に伺い報告すると、西郷をすぐ大坂へ護送するよう命ぜられた。

翌四月十一日、西郷と村田新八、森山新蔵は大坂に送られ、そこから山川港に護送された。

（2）西郷が置き手紙も残さずに上洛の謎と大久保のざん言

島津久光一行は、西郷たちより六日後の三月二十八日に下関に着いたが、西郷が一行の到着を待たずに先発したことを知り激怒した。

この久光の激怒には、西郷は置き手紙もしてなかったことも理由になっているが、西郷は置き手紙を書いて出発したと木場伝内への書翰の中で言っている。

このことについて、久光の側近で、島津家編輯所編纂員として島津家の編纂事業に従事するとともに、明治二十一年から東京で宮内省の委託を受けて、島津（薩摩）・毛利（長州）・山内（土佐）・徳川（水戸）四家の事跡を記録するための史談会運営の中心人物だった市来四郎は、次のように明治二十六年十月の史談会で講演している。

又久光公の御話でござりますが、「下ノ関に着ひて蒸気船は其處に繫《つな》がつてをるし、着すると程なく大久保が出て云ふには誠に不都合な事になりました西郷は三四日前迄當所に居りましたけれども浪士を連れて上がりましたそうです、一封の手紙も残してはござりません、實に不都合な次第で如何なる見込も分かりませぬ、御約束を違《たが》へましたは恐れ入ると申した」其れは怪しからんことである、初めの約束と違つたでは無いかと云ふ中に、中山が出て初めより私などとは議論が合ひませんが西郷は悪ひ考へではござりますまひ、けれ共浪士を引列《ひきつ》れて大坂の様上りましたは何乎見込もござりましょうけれども、一封の書付も残さず上りましたは怪しからん次第でござりますと目をむき出して云つた、其時小松と大久保がいふには兎も角も此処《ここ》に長く御逗留《とうりゅう》は出来ませんから、大久保を御先に遣《つかわ》しまして、西郷が挙動見込を承り何分申上ましょうから、御前は蒸気船に召されて室津邊に御滞泊下さひ、其中に大久保は大坂京都の内で西郷に面會致し、或いは模様を探つて御報知申上げますから、何うか夫迄は室津に御滞泊下さひ、兎角然うしなくては仕様がなひと云ふから、然う爲やうと云つて大久保を先きへ遣《や》る事になつた、夫から道中の探索《たんさく》には、高崎五六と、有村を遣らうと云を事を、中山が

云ひ出して大久保に次ひて出して遣った。（略）

久光公は四月三日から二日間室津に滞在した。そこで其内高崎五六が大坂より室津へ返りて云ふには、大坂の景況は浪人が御邸に入り込み、甚だ穏やかならん形勢で、箇様々々と申出たが、室津に長く居る譯に行かぬ、兵庫へ御滞在をと云ふから、其あひだには大久保より委しく報知するであらうと思て、兵庫に往くことに決ました、夫れから其翌日兵庫に向かって出帆し、兵庫に着かれた處が、大久保が遣つて来て云ふには甚だ相済まん事になりました、大坂には諸国の浪人を皆御邸へ入れてござります、西郷は浪人と結合致して暴発の企てを致して居ると申すことだと云つた、其時中山は側に居つて目を圓くして、拙者に向かつて云ふには、西郷は怪しからん事を致しました、御約定にも違ひ、其上大坂に入り込んで居る浪士は西郷の手ではござりませなんだが、西郷が来たと云ふことを聞いて、度々密會し、彌暴発の企を致すと申すことで、確に有村が浪士の眞木和泉より聞ひたさうだと云ふた、其企ては九條殿下と所司代を討つと云ふことだと云ひ出した、兎も角も此処に永くお滞在は出来ぬから、大坂邸迄御上りなされ御処分ありたひと申した、其時大久保か云ふには、最早致し方はござりませんけれ共、大坂で御国人丈は御説諭下さひと申した、御国人数には皆御目見えを仰せ付け下され、御諭戒の御書付けを御出し下さひと云ふから其れが宜からうと云つた、大久保云ふには、恐れ乍ら御筆を以つて御下げ下さひ、然もなければ私抔の筆では信用が無ひと云ふた、それは何うい ふ主意を以つて書くのだと云つた、大久保云には軽挙妄動を爲るを他国人と妄りに應接することはならんといふやうに御沙汰下さひと申した、尤のことと考へたから、直接筆を取つて書き付を出した、其時にそれで鎮まつたらうと思つた。（略）

権力に迎合せず、反骨・正義漢の薩摩隼人で、史伝文学の大家である海音寺潮五郎《かいおんじちょうごろう》氏は、「西郷が一封の手紙も残さず出発した」という大久保の報告について、次のような見方をしている。

西郷が一通の置手紙もしていないと、大久保が言ったということが、どうにも気になります。

西郷の置手紙は、当然、白石正一郎に託されたはずですね。白石がそれを遺失したり、渡さなかったりしたとは、とうてい考えられません。渡したに違いありません。渡したとすれば、それは必ず大久保に渡したでしょう。西郷がまた大久保に渡せと言いおいたに違いありませんからね。

とすれば、大久保がそれを読んで、その内容が、そのままに披露すれば、久光の不興を買うに違いないと思われるものであったので、置手紙はなかったことにして、握りつぶしたのではないでしょうか。

西郷は書いたといっており、大久保は手紙のことを全然日記に書いておらず、久光は手紙は全然なかったと大久保から聞いたといっているのですから、この矛盾に筋を通すなら、こう考えるより外はありませんね。いかがでしょう。この解釈は。

果してそうなら、その手紙の内容はどんなことだったでしょう。西郷が大久保に口説かれて出馬を承諾した時に行われた両人の打合せに関係したものだったろうとするのが最も自然だと思います。

「かねて国許で話し合った通りの情勢になることが確実のようである。だから、京坂に急行して、しかるべく手を打つ」

大略こうだったでしょう。

このような内容でみるとすれば、これを久光に見せれば、その統制好きの性格として、

「その方が西郷と話し合った通りの情勢とは何だ。二人で何をしようと話合ったのだ」

と詰問するであろうことは確実です。

西郷ならば、堂々とそれを告白し、主張したに違いありませんが、大久保にはそれは出来ません。彼は勇気のない人ではありませんが、いつもうまくやろうという心から逃れられない人です。また新たに得た久光側近でブーレンの地位を失いたくない心もあったでしょう。出世欲も大いにあった人ですからね。私が前章

で大久保のことを、彼は事務家の才能がありすぎ、功業《こうぎょう》の念を離れることの出来なかった人で、西郷のように志に殉ずることは出来ない人だと申したのは、ここのことです。

西郷が久光の怒りに触れて厳罰に処せられたのは、有村俊斎や堀次郎の早合点による悪しざまな報告によるというのは、通説になっていますが、久光の不興の理由には、西郷が置手紙もしなかったということもあるのですから、大久保も有村等と同じく責任があるのです。西郷と大久保は少年の頃から最も親しい友垣で、その美しい友情を当時も後世もたたえています。しかし西郷は大久保にいつも深い愛情をもっていますが、大久保の方はそうではないようです。この後にもよくこれに類したことがあります。明治六年に二人の友情は破れますが、破れるべきものはずっと大久保の内部にあったと、私は見ています。やがて事実によって証明してごらんにいれます。（西郷と大久保と久光）

西郷は自分が流罪になった処罰の理由として、友人の大島代官所付役の木場伝内へ、次のような手紙を書いていた。

「お咎《とがめ》の趣は四ヶ条にて、浪人共と合議合策したこと、若者共を煽動《せんどう》したこと、久光の江戸下向に反対したこと、下関で待期せよとの命令に反《そむ》いて大坂へ飛び出したことと、有村俊斎（海江田信義）、堀次郎（伊地知貞馨）のざん言などを理由としている」

また大久保については、「大久保は私の一件で大いに忌《いと》まれ、位・役職を保ったこともあぶなくなるようであった」と心配している。

これはおそらく、四月九日夜に、西郷は長井雅楽《ながいうた》の「公武一和・航海遠略策」の朝廷への建白書を久光の閲覧に供すべく兵庫にきて大久保を訪ねて、久光の厳命が下ったことを知らされ、この時には、大久保が語ったことを信じていたと思われる。

（３）西郷へ苛酷な永久流罪と、大久保の最高幹部への異例の昇進

西郷に対し、六月、久光と側近たちによる処分が下された。

それは、徳之島《とくのしま》からさらに沖永良部島へと、二度と鹿児島城下の土を踏ませない

無期流罪の遠島だった。それも、「護送の際は必ず舟牢に入れ、着島の上は囲《かこい》に召込み、昼夜開けないように番人二人付けるべし」という苛酷《かこく》なものだった。

牢はわずか二坪余り、戸も壁もない荒格子で、横雨は降り込み放題、そこに四枚の荒畳を敷き、一隅を板屏風で仕切って便所としてあった。

そこに西郷は端然《たんぜん》と坐り、一言半句の不平ももらさず、痩《や》せ衰《おとろ》えていった。

この姿に、番人としてつけられた間切横目の土持政昭《つちもちまさてる》たちが、尊敬と同情の念を持ち、藩の命令書には「囲に召込み」とあるが、牢に入れよとは書いていないことに気がつき、それを利用することを考えつき、同役や代官に相談して古い家を改造し、その中に南向きに格子囲いの座敷牢を設けた。

便所と風呂場は北側のひさしの下に板囲いで作られ、快適な住居環境になった。新牢に移ってから、西郷はめきめきと健康を回復していった。沖永良部島の島役人たちの善意と工夫によって、西郷は命を長らえ、救われたのだった。

一方、大久保利通は、寺田屋事変で活躍した功を賞され、久光手ずからの賞を受け、「実に武門の冥加《みょうが》これに過ぎずと存じ奉り、只々涕泣感伏《ていきゅうかんぷく》、言語の及ぶ所に在らず候」と感激した。

そして、寺田屋事変から一カ月後の五月二十日に御小納戸《おこなんど》頭取に昇進、九月末日、御用取次見習に昇進し、家老の執務部屋に勤務することとなった。

城下士は九階級に分かれ、大久保家は最下級の御小姓与《ぐみ》（徒士《かち》に相当し大番《おおばん》ともいった）だったので、大久保家の家格からすると異例中の異例の昇進であった。

翌文久三年（一八六三）三月十日、御側役兼御小納戸頭取に任命され、藩の最高幹部となった。あまりにも早い出世に、人みな驚愕《きょうがく》し、古今まれなるものと噂され、藩内に物議もかもしていた。

精忠組尊王急進派の寺田屋事変を処理した功績で、大久保は藩の最高幹部へと人皆驚愕するほどの異例の昇進をした。

一方西郷は、山川港の護送船内で「祖母死す」との急報を受けたが、上陸も許されなかった。沖永良部島に永久流罪にされ、牢舎生活の上、日々の食事は冷飯に焼塩を添えただけのものという酷遇だった。後、島役人の善意と工夫とで改善されることになったが。

望ましい友人像として、「友を選ばば、六分の侠気・四分の熱」とか、「友の艱難を見捨てず」という言葉もあるが、久光公側近で最高幹部の大久保から、永久流罪人西郷に対し、友情らしきものを見出せないのは不可思議なことである。

（4）「永久流罪」赦免は、高崎正風たちの切腹覚悟の嘆願と後年知った驚愕と、大久保への不信感

久光が伏見寺田屋で行った尊王急進派への血の粛清《しゅくせい》は、京の政界を震撼させ、勅命も降り、大原重徳《しげとみ》卿が勅使となり、久光が随従して江戸へ下った。

久光は、一橋慶喜《ひとつばしよしのぶ》を将軍後見職、松平慶永《よしなが》を政事総裁職に就任させよという幕政改革の要求を幕府に承認させて、意気揚々として三カ月ぶりに京都に戻ってきた。

ところが京都は、寺田屋事変に反発した尊王攘夷派が長州藩を中心に勢力を伸ばし、尊王攘夷派の天下となっていた。

久光は、草莽《そうもう》・浪士の言を容れて朝廷の意見を変更することを禁ずべしと建白《けんぱく》し

たが、尊王攘夷派が朝廷の実権を握っていて無視されたので、憤然《ふんぜん》として鹿児島へ帰っていった。

それから一年後の文久三年八月十三日、孝明《こうめい》天皇は大和《やまと》に行幸し、橿原《かしはら》の神武《じんむ》天皇陵などで攘夷を祈願し、攘夷親征《じょういしんせい》の軍議が開催されることが決まった。真木和泉など尊攘急進派と長州藩は、この攘夷親征を討幕親征の軍議にしようと計画した。

中川宮から大和行幸《やまとぎょうこう》の真相を知らされた孝明天皇は驚愕した。孝明天皇は攘夷には熱心だが、親幕派である。

中川宮を中心に公武合体派公家と、京都守護職会津藩主松平容保、京都所司代淀藩主稲葉正邦、そして薩摩藩とで、長州藩など尊攘派打倒のクーデター計画が立てられた。

八月十八日早朝、中川宮、前関白近衛忠熙《ただひろ》、左大臣二条斉敬《なりゆき》、守護職松平容保、所司代稲葉正邦らが参内した後、会津・薩摩・淀の三藩の藩兵で御所の九門を閉鎖し警衛する中で、三条実美ら尊攘派公家の追放・長州藩の御所堺町門《さかいまちもん》の警衛停止、長州藩主父子の入京禁止・大和行幸の延期などが決定された。

不意を突かれた長州藩は、三条ら七卿を伴って長州へ落ちて行き、クーデターは成功した。

八・一八クーデター（文久の政変）の後の九月十二日、久光は大久保らを従え、藩兵七千を率いて入洛し、公武合体路線の建て直しにかかった。

久光は、朝廷の会議（朝議）に雄藩諸侯の参加を認めるよう要求し、「参予会議」が置かれることとなった。

無位無官だった久光も、従四位下左近衛権少将に任官され、一橋慶喜、松平慶永、松平容保、山内豊信《とよしげ》、伊達宗城《だてむねなり》らとともに、元治元年（一八六四）一月、朝議参予に任命された。

久光と大久保が、公武合体運動の成果として期待した参予会議だったが、慶喜対雄藩諸侯の権力闘争の場となってしまい、全参予が辞任し、参与会議はわずか二カ月で解体してしまった。

薩摩藩公武合体運動は行きづまり、昏迷状態に陥った。

京の二本松薩摩藩邸で、黒田清綱《くろだきよつな》、伊地知正治《いじちまさはる》、高崎正風《たかさきまさかぜ》、高崎五六《ごろく》らが集まって嘆いていた。

「久光様の公武合体も、参与会議の空中分解で行き詰まってしまいもした」

「慶喜侯と久光様が犬猿の仲になってしもうて、幕府と手を組むことも難しいようでござんすなあ」

「寺田屋での同志討ちで、薩摩の人間は酷薄じゃと言うて、尊攘派は相手にしてくれんしなあ」

伊地知は、薩摩の評判が志士の間で悪いのに頭をかかえていた。

「長州は下駄にわざわざ『薩賊会奸《さつぞくかいかん》』と書いて、踏みつけて歩いとるという噂じゃが」

「公武合体は行き詰まり、佐幕派へも、尊攘派へも入れんということになると、薩摩はどうなっとでしょうか」

「折角、御所の近くにこの藩邸をわざわざ建てたというのに」

この御所近くの一画は、宮家・公家の屋敷や神社仏閣が軒をつらねた区域であった。

薩摩藩は東洞院錦小路《ひがしのとういんにしきこうじ》に薩邸を持っていたが、幕末、権力抗争の舞台となった御所の近くに、政治的・軍事的性格の藩邸を置こうと、文久三年に御所の北、相国寺《しょうこくじ》二本松《にほんまつ》に藩邸を建設し、人々を驚かせた。

「この八方ふさがりの京の状勢を、国許にも伝えて、対策を講ぜんといかん」

黒田が語調を強めた。

「対策というても、なにか妙案がごわんすか」

「頼みの綱は、西郷さんの復帰でごわんす」

「おっおー、そうでごわんした」

皆一斉に声をあげた。

「西郷さんなら順聖院様の代理を務め、諸大名や諸藩の有志にも信望があるので、なんとかなるかもしれませんぞ」

「早速国許に連絡しましょう」

その頃鹿児島では、久光の側近として権勢を振るっていた中山仲左衛門が御側役を免ぜられ、桜島地頭へ転出させられていた。

一方、寺田屋残党は、薩英戦争での働きが目ざましくて評判があがり、勢力を盛り返し、発言権を強めていた。

このような状勢の下では、久光も中山を御側役から免ぜざるを得なかった。

大久保は、精忠組幹部ということもあって、寺田屋残党からの責任追及をまぬがれ、中山が寺田屋事件追及の標的となって、藩政中枢から退いていった。

京の状勢を知らされた鹿児島では、精忠組や日置《ひおきは》派などを中心に、西郷召還の藩論が高まった。

国許での藩論の高まりを受け、京都藩邸でも、有志たちが小松帯刀と大久保に、西郷の赦免《しゃめん》と復帰を、久光に嘆願《たんがん》してくれるよう頼んだ。だが大久保は、久光の怒りを買うことを恐れ、言を左右にして煮えきらない。

それならと、黒田清綱、三島通庸、柴山景綱、篠原国幹、永山弥一郎、椎原小弥太、伊地知正治、福山清蔵、井上弥八郎、折田要蔵など十数人の有志たちは、西郷の赦免召還を申し上げ、お聞き下さらぬ時は久光の御前で腹を切ろうとまで決めて、高崎正風と高崎五六を代表に立てて時勢を説き、西郷の赦免召還を久光に嘆願することにした。

まず高崎五六が久光に嘆願したところ、久光は激怒した。「西郷というのは実に傲慢無礼、己《おれ》をあなどっている。あれは謀反をする奴じゃ」

「私共もお怒りのことは知っておりますが、今日、やむを得ず、私が粗忽《そこつ》ながら発言つかまつりました次第でございます」と高崎が言うと、後には怒りを和らげて、

「どうも、己には証文が出せない」ということで、その日はご承知がなかった。

高崎五六は、久光の容子《ようす》ではお聞き届け下さるかも知れぬという感想を述べたので、一同大いに喜び、高崎正風が続いて久光の御前に出て切願した。

「昨日、五六が申し上げました西郷のことについては、どうかお帰しを願いたい。そうしませぬと、十何人かの人数が丸山に会して、こういう決心まで致しておりまます。それで私共で小松・大久保に申しましたところ、我々は西郷を遠島にすることについて、印を捺《お》しておるから申し上げられぬということでござりますから、我々から申し上げる次第でございます。ここで人望のある者をお用いになりますなら、

よかろうと考えます」

と言うと、

「五六からも聞いたが、あの時はそれほどに思い込んだことではなかろうとおもったが、まことの考えであるか」

「まことどころではござりませぬ。彼をお帰しにならぬといけぬのみならず、今申し上げた十何人が御前で腹を切るということでござります。そういうことなしにお帰しなされては如何、そうなると西郷の感ずるところも、諸子の感ずるところも違います。なにとぞご威光にも関しますする次第でござりまするから、是非ともお帰しくださるように」

久光はひどく怒った。

「それは怪《け》しからん。島にやったはそもそも寛大な処置である、普通なら首でも刎《は》ねなければならない奴じゃ、それを戻せなどとは以てのほかの話だ」

「しかしながら、人というものは過ちを改むるということがございます。いかに初めはご趣意に背いても、今日は悔悟《かいご》しておるということでございます。悔悟謹慎した以上はお赦しになっても宜しいことと考えます」

「何をもって悔悟謹慎したと言うか、貴様たちはだまされているのじゃ」

「私の朋友の福山清蔵が島の代官に行って、それが帰ってきて申しました」

「馬鹿なことを言う。そやつ共にだまされているのじゃ」

正風も引くに引かれず、度胸も据《すわ》ってきて、「私共は悔悟したものと考えます」

「それが貴様たちはだまされている。彼は謀反する奴じゃ、到底薬鍋《くすりなべ》をかけて死ぬ奴ではない。貴様は西郷とどういう交わりがあるか」

「深い交わりはありませぬ」

「交わりのない奴を推挙するということがあるか。およそ君に向かって交わりのない者を勧めるというのは、世に雷同した怪しからん奴じゃ」

高崎正風が西郷と交際《つきあい》がなかったのは、嘉永朋党《ほうとう》事件ともお由羅騒動ともいわれる薩摩藩主の襲封《しゅうほう》をめぐる斉彬派と久光派との対立で、斉彬派の幹部だった父高崎五郎右衛門が切腹させられて士籍も除かれ、正風も大島に遠島されていたからだった。

お由羅騒動は「高崎崩れ」ともいわれるほど、父高崎五郎右衛門は斉彬擁立派の有力幹部であった。斉彬襲封後復帰し、国父久光の時代にも近習通を許されていた。会津藩と連携して八・一八クーデターをやった実行責任者でもある。

正風はここで順聖院のことを考え出した。

「私は西郷とは一、二回会ったぐらいでございますが、私が神の如く信じております御先代順聖院様が、鹿児島の藩士の多い中より西郷をたった一人お見出しになって、国事にお使いになっておりました。それをもってみましても、先公のお目鏡《めがね》は明らかなものであろうと考えます。それで私は、順聖院様を信ずるのあまり、したがって西郷をお勧め申し上げる次第でございます。しかし、順聖院様のお目鏡が誤っているというご沙汰なら、これよりすぐさま引き取りましょう」

久光が黙り出した。

「順聖院様のお目鏡が違いますか、如何でござりましょう」

正風と久光の主客の勢いが転じた。

「順聖公のことについては、我は何とも申し上げることはできない。できないが、久光の心には西郷を善い者とは思われない。

「順聖公のお目鏡が曇っておれば仕方もございませぬが、そうでなければ、どうかご勘考を願いたい」と、正風はそれを唯一の盾《たて》にとって言った。

久光も段々と困ってきて、「貴様たちの言うのは、左右国人皆賢というわけか」

「とりもなおさず左様でございます。見渡すところが天下の人望、日に日に西郷に帰《き》して、すでに山階宮《やましなのみや》も、なぜ西郷を大島から帰さぬか、とおっしゃったぐらいでございます。それ故、お怒りをも顧みず申し上げた次第でございます」

久光は、苦《にが》い顔をして言った。

「孟子《もうし》に、人を登用するのは最も念を入れるべきで、左右皆賢なりと言っても、自らの目で篤《とく》と見定めない限り登用などしてならないとある。しかしながら、その方らがそれほど申すものを、愚昧《ぐまい》なわしが独り聞かんのは、公論でなかろう。忠義公に伺いを立てて、よしと仰せあらば、わしも異論はない」

久光は悔しそうに銀のキセルを噛み締め、その吸口に深い歯の跡がつくほど嫌がりながら同意した。

忠義は、久光への孝心も深かったが、与論の動向に素直で、すぐに西郷の赦免を許可した。大久保は、久光が赦免に同意した後は、召還手続や歓迎の準備などに積極的に動きだした。

ここで不可思議なことがある。久光に激怒されながら切腹覚悟で西郷赦免を懇願し召還を実現させた者が高崎五六と高崎正風であることを、吉井や大久保たちは西郷に話さなかったようで、高崎も恩に着せるようなのでと西郷に会っても話さなかったので、疎遠《そえん》になってしまっていた。

元治元（一八六四）年二月、西郷は沖永良部島で使者の吉井友実から赦免の命を受けると、

「新八はどうなっとる」

と、召還使者の吉井に尋ねた。

「それは何も聞いとらん」

と、吉井が答えると、

「新八どんは俺と同罪だ、俺一人もどってはすまん、責任は俺が負う」

と、喜界《きかい》島に寄港し、村田新八も連れて帰ってきた。

鹿児島に帰り着いた西郷は、二年近い座敷牢の生活でまだよく歩けない足をひきずって、福昌寺《ふくしょうじ》に眠る順聖院の墓に詣でた。

沖永良部島流謫中に詠んだ漢詩、

朝《あした》に恩遇を蒙り、夕《ゆう》べには焚坑《ふんこう》せらる。
人生の浮沈晦明《かいめい》に似たり。
たとい光を回《か》えさずとも葵《あおい》は日に向かう。
若し改運なくとも意は誠を推さん。
洛陽の知己《ちき》みな鬼となり、
南嶼《なんしょ》の俘囚《ふしゅ》独り生を窃《ぬす》む。
生死何ぞ疑わん天の附与なるを。
願わくば魂魄《こんぱく》を留めて皇城を護らん。

を、涙で頬を濡らしながら声をたてて詠み、生きている人と会っているように色々と報告をし、教えを乞うように頭《こうべ》を垂れ、長い時間を過ごした。

やがて太陽が城山に隠れ始めると、名残惜しげに墓前に深々と別れの挨拶をして立ち上がった。

一週間程鹿児島に滞在し、村田新八とともに鹿児島港を出帆し、三月十四日、京都二本松薩摩藩邸に入った。

生真面目《きまじめ》な久光は、「左右皆賢なりと言っても、自らの目で篤と見定めない限り登用などしてはならない」と孟子が説いた教えのとおり、西郷の人物考査を始めた。

西郷は五尺九寸、二十数貫の大男なので、久光は、率兵参府《そっぺい》へ反対した態度や、側近たちの西郷評を聞きながら、巨漢肥満な大男なので、絶世の美女楊貴妃《ようきひ》の容色に溺れた唐の玄宗《げんそう》皇帝へ乱を起こして長安に攻め上ってきた安禄山《あんろくざん》や、陸奥《むつ》に勢力を張って中央へ反乱を起こした安倍貞任《あべのさだとう》などに似た叛逆《はんぎゃく》の臣だと思っていた。

何回か面接するうちに、礼儀正しく謙虚で、無私無欲、人情味豊かで誠実な人物であることに意外の感を深くしていった。

元治元年三月、久光は西郷を軍賦役《ぐんぶやく》（軍司令官）に任命した。

四月、薩摩藩公武合体運動の行き詰まりに失望した久光は、「禁裏《きんり》御守衛一筋」という方針を西郷に言い残し、大久保らを伴って鹿児島へ帰っていった。

これ以後、幕末維新への中心として西郷の活躍が始まることとなった。

そして、西郷への藩内外の声望と、西郷を中心とした藩士勢力の強大化、それと久光勢力の退潮に伴い、大久保も久光から西郷へと軸足《じくあし》を移していき、元治元（一八六四）年から、慶応一、二、三年、そして明治元（一八六四）年までの幕末動乱の四年間は、西郷と大久保との二人三脚による維新回天へ向けての活躍が行われたのだった。


この、永久流罪から赦免召還への高崎正風・五六の切腹覚悟の嘆願については、大久保も吉井友実も西郷に語らず、高崎正風も恩着せになると話さなかったので、西郷は知らずにいた。

そして、久光が赦免に同意した後は、赦免手続きや歓迎は大久保が主役となって進めたので、西郷は大久保の尽力によるものと信じたのであろう。

十年振りに真相を知った時の西郷の驚愕と、大久保への不信感の大きさはいかほどであったろうか。

第六章　政府大分裂の明治六年政変及び西郷と大久保激突の経緯

1　黒田清隆を通してみる政変の真相

（1）はじめに

戊辰《ぼしん》戦争で西郷幕下の参謀としての黒田清隆は、庄内藩降伏に当り、藩主酒井忠篤《ただあつ》を帯刀のまま上座に据え、どちらが勝者かわからなかったといわれる応待をし、城と兵器を受けとるのみで、三日間で兵を引き揚げ、鶴岡城下はあっけにとられたという。後日、庄内藩家老菅実秀《すげさねひで》がお礼に行ったところ、黒田は「万事西郷の指図どおりやったまででそれがしがお礼などいわれる筋合いではない」と笑って言った。黒田の謙虚なモラリストの一面だった。

箱館戦争でも、降伏した榎本武揚《えのもとたけあき》・大鳥圭介らの助命に奔走し、西郷も「黒田の勇力なくてはとても命のない者で、満朝殺す論のなか、奮然と建抜候儀、千載の美談と申すべきである。黒田の誠心によりここに至り、実に頼母しき人物である」と喜び、ほめていた。

このように黒田は、謙虚で寛容、道義心も強く思慮と才智に富み、抜群の行動力と交渉力など秀れた特質・美点を備えた人物であった。

それが、明治六年政変で、大久保に頼まれて「一の秘策」の片棒をかついだため西郷が下野した後、心のバランスをくずして酒乱気味となり、蛮行への非難も出てきた。

参議・開拓長官と栄進し、西南戦争では、陸軍中将・衝背《しょうはい》軍総司令官として熊本城包囲突破の戦功をあげた。翌年春、泥酔して夫人を殺害したとの風説も流れた。大久保利通急死後、薩摩閥の代表となり、農相・首相・枢密院議長・侯爵と最高の官職にも就《つ》いたが、長州閥の伊藤・山県と比べて振《ふ》るわずと評された。

西郷と大久保との関係で出世もし、苦悩した黒田の生涯であった。


この黒田の言動を見ていくと、明治六年政変の真相が見えてくる。

まず、「一の秘策」の片棒をかつがされ、先輩で親友の西郷を裏切ったことへの悲痛な反省の告白。

次に、西郷が下野したので、驚いて「北方兵団構想」に協力することで西郷たちの下野を思いとどまらせようと努力していることで、西郷たちがいかに樺太と北方兵団構想を重視していたかが明らかにされていること。

第三に、西郷が、樺太放棄の樺太・千島交換条約を「ロシアの圧力に屈伏したのか」と非難したことで、西南戦争では西郷軍の背後を攻撃する衝背軍の編成を提言し、司令官を買って出て西郷軍を追いつめることに尽力したこと。

最後に、「城山陥落・西郷討死」の報告に、明治天皇が藤波言忠《ふじなみことただ》侍従に「とうとう西郷を殺したか、朕は西郷を殺せとは言わなかったが」と言われたことや、民衆が判官ひいきで、源九郎判官義経に次ぐ悲運の英雄として惜しむ風潮に、大久保派ナンバー2として西郷軍征討に尽力し、死へと追い詰めたことへの苦悩から酒乱となり、夫人暴殺風評まで起こったことなどがある。

これらのことについて、具体的に述べてみたい。

（2）北方兵団構想と明治六年政変

幕末に国境未確定・日露共有とされていた樺太《からふと》について、西郷は尊敬する名君島津斉彬の「開墾して日本人種を殖し日本の所領なるを分明にすべし」との積極的な植民・開拓論を実現しようと、明治四年九月に陸軍少将桐野利秋を現地へ出張調査させていた。そして、明治五年七月、西郷は、北海道に鎮台を置いて自《みず》から司令長官となり、樺太（現サハリン）に分営を設け、篠原国幹《しのはらくにもと》を樺太分営司令官として、桐野利秋・辺見十郎太・渕辺高照・別府晋介らと共に北海道に移住し、屯田法をもって開拓したいとの構想を、北海道と樺太を所管する開拓次官黒田清隆に宛てて、「自分と君とは情誼《じょうぎ》甚だ厚し、まさに死生を共にしたい、我北行の意決せり」と申し送った。

そして明治六年春、北海道移住を閣議に謀《はか》った。

これには、四年七月に廃藩置県《はいはんちけん》をやったことについて、旧主君の島津久光が、西郷と大久保に裏切られたと激怒し、磯《いそ》で終夜花火を打ち上げさせて憤怒《ふんぬ》をまぎらわせ、西郷と大久保への非難弾劾状《だんがいじょう》が太政大臣に提出されたりして、西郷も「副城《ふくじょう》

(久光)公の遠距離着発弾には手のほどこしようがなく大弱りである」と困惑していたことなどもあった。

岩倉・木戸・大久保ら遣外《けんがい》使節団が、廃藩置県のすぐ後の十一月に、廃藩置県の後始末をはじめ、難問山積のなか、先進諸国の見学と不平等条約の改正打診を目的に一年十カ月もの外遊には、旧藩主・旧藩士たちの封建的諸特権剥奪に対する政府への不平噴満・非難・反発があるなか、ほとぼりが冷めるまで、漫然たる巡遊を続けているのは何事ぞとの関係者の不満・批判もあった。

又、長州系御用商人山城屋和助への陸軍省公金貸付事件もあって中央政界がわずらわしくなっていた。

だが、廃藩置県という難事業が大きな混乱なく実施出来たのは、西郷の存在と威望によるものであり、西郷留守内閣が取り組んでいる封建的身分差別の撤廃・近代的土地制度・教育の普及・西洋文明の輸入・法治主義の導入など急進的改革も西郷がいてこそ可能であり、閣議は西郷の北海道行きを未決にした。板垣退助参議は西郷の自宅を訪ねて、「坂本龍馬など志士たちは、国の隆昌と民の幸福のために身命を投げうったのに、現状は情ない状態になっている。このまま放っておいて北海道に行くなどかれらに申し訳ないと思わないのですか」と反対し、西郷の北海道移住と樺太までの北方屯田兵団構想そして北方理想圏建設の夢は遠のいた。

だが、西郷は、朝鮮と清国《しんこく》の彼方《かなた》にロシアの脅威も見ていた。五年八月に、西郷は、板垣退助参議及び副島種臣《そえじまたねおみ》外務卿と協議して、陸軍中佐北村重頼・大尉別府晋介を朝鮮に、少佐池上四郎・大尉武市熊吉を清国の山東省、南満洲方面に派遣し、その政情・民情と軍事力などを調査させていた。

そして明治六年五月下旬、釜山の日本公館前に、日本は西洋の風俗を真似て恥じることのない無法の国との掲示がなされ、日本公館や日本貿易商の活動が朝鮮官憲の取締りで困難になったとの報告が、日本公館駐在官から外務省に送られてきた。そこで外務省は、居留民保護のため、陸海軍派兵の方針を、西郷留守内閣の閣議に付議した。

西郷は、即時派兵論を抑え、自ら全権使節として朝鮮に赴き、信義と公理公道をもって平和的に交渉し、日朝国交関係の樹立に当りたいと希望した。

勝海舟らが推測する、ロシア南下の脅威に対抗するため、日本・朝鮮・清国との三国同盟構想への着手である。

そして、八月十七日、西郷留守内閣の閣議は西郷の朝鮮使節派遣を内定した。さらに、岩倉遣外使節団帰国後の閣議で、十月十四日には西郷と大久保との大激論があったが、十五日には西郷の朝鮮使節派遣が正式決定された。

ところが、三条太政大臣が閣議決定を天皇へ上奏する日の十月十七日に急に発病した。

ここで、外遊中に大久保と親しくなった長州派の策士伊藤博文工部大輔《こうぶたいふ》が非常手段として「一の秘策」を十月十九日に大久保へ提案した。「一の秘策」とは、倒れた三条の代わりに岩倉を太政大臣代理に任命して、閣議決定を天皇へ上奏する際に、岩倉に独自の意見を表明させ、天皇の意思を閣議決定不裁可の方向へ、すなわち朝使節派遣延期の方向へ誘導しようとする策略であった。大久保は「一の秘策」について、西郷・大久保に次いでナンバー3の位置にあり、行動力抜群の黒田清隆に謀《はか》った。

黒田は、使節暴殺論に影響されて朝鮮へ死にに行くのではと西郷の身上を気づかい、宮内省の吉井友実《ともざね》に謀って岩倉を太政大臣代理に任命する宮廷工作と、西郷が天皇へ直接上奏《じょうそう》するのを阻止する対策を講じるなど、大久保の「一の秘策」の片棒をかついだ。この大久保らの起死回生の陰謀といわれる「一の秘策」は成功し、西郷留守内閣の西郷隆盛・板垣退助・後藤象二郎・江藤新平・副島種臣ら西郷の朝鮮使節派遣に賛成した参議は辞職し、岩倉具視・大久保利通ら外遊帰国組は政権を奪還《だっかん》した。「一の秘策」を大久保へ献策した伊藤博文は、工部大輔（次官）から二階級特進で参議・工部卿へ昇進した。

黒田は、朝鮮派遣使節延期で西郷が参議を辞任するとは思ってもいなかったようで、驚愕《きょうがく》して西郷が身を隠した向島の小梅の知人の別荘まで追いかけて行った。そこで、北方兵団構想を勧めたが、西郷は「世故を厭《いと》ふ」ということで、黒田も強いて勧《すす》めずに帰り、続いて篠原国幹近衛局長へ再び北方兵団構想を懇々《こんこん》と説いたところ、篠原は「渕辺が留まるなら、自分も渕辺と謀って方向を定めよう」と言ったので、黒田は横浜港へ急行し、すでに汽船に乗船していた渕辺高照近衛少佐を説得して一緒に東京に帰り篠原を訪ねたが、篠原は書を遺《のこ》して行先を告げずいなくなっていた。黒田は、「ここにおいて、隆盛多年の心算遂に画餅《がべい》に帰し、恨《うら》みを呑んで地に入り、実に遺憾に堪えず」と嘆いている。

又、黒田は「一の秘策」の片棒をかついで、先輩でかつ親友の西郷隆盛を裏切ってしまったことについて、血を吐くような言葉で悲痛な反省を告白した次のような手紙を大久保へ送っている。

「今日ニ立至リ退テ篤ト我心事追懐候ニ、大ニ西郷君へ対し恥入《はじいる》次第《しだい》、（略）西郷君トハ兼《かね》テ死ハ一緒ト、又従来恩義モアリ旁《かたわら》我心ヲ向ヘバ面皮《めんぴ》モ無之《これなく》、不得止事ノ策トハ乍申《もうしながら》如何シテ同氏へ謝シ候様無之、恐入ノミニテ最《も》ウハ実行ヲ以テ他日地下ニヲイテ謝スルノ外無之《これなき》ト決心罷在《まかりあり》候。爾来《じらい》ハ誓心、奸物《かんぶつ》等《ら》敷《しき》所行、天地鬼神へ懸《か》ケ、不致《いたさず》様《よう》、奉祈候《いのりたてまつりそうろう》」

黒田はこの後、大久保政権下で明治七年、陸軍中将兼参議・開拓長官へと昇進して行き、大久保内治論に沿って、対露強硬領有論や、副島種臣《そえじまたねおみ》前外務卿の樺太北部を買収しての全樺太領有論などを抑え、開拓中判官の榎本武揚《えのもとたけあき》を特命全権公使に推《お》し、樺太《からふと》を放棄し、北千島と交換する「千島樺太交換条約」を明治八年五月調印へと運んだ。西郷の、ロシア南下の脅威に対する樺太から朝鮮に至る防衛線構想の放棄であり、西郷はロシアの強圧に屈したかと批判し、開拓使の屯田兵長官・陸軍中佐永山弥一郎は憤慨して抗議辞職し、帰郷して行った。

その後、明治八年九月に政府が軍艦雲揚《うんよう》を朝鮮の江華島《こうかとう》に接近させて挑発し、発砲されたのを機に砲台を占領し、この結果、日朝修好条規（江華条約）が結ばれた。

西郷は、この砲艦外交の江華島事件を行なった政府の態度に大きな疑惑を感じ、この挑発事件は、樺太・千島交換条約で、「露国の歓心《かんしん》」を買ったことへの国内の批判を封殺するため起こしたのではと非難し、今後は、「東京の挙動如何」を監視するつもりだと言明もした。

西郷ら樺太領有派は、樺太が北太平洋の地理的・軍事的な要地であり、森林・漁業・地下資源の経済的重要性をもつことを重視していたので、樺太放棄はよほど残念だったのであろう。

（3）西南戦争で衝背軍総司令官

西南戦争での黒田の行動はわかりにくい。

明治十年一月における陸軍大将は西郷隆盛ただ一人、陸軍中将は山県有朋《やまがたありとも》・黒田清隆・西郷従道の三人で、海軍中将は川村純義・榎本武揚の二人だった。

陸軍中将・陸軍卿で参軍《さんぐん》山県有朋は、二月二十日、福岡から第一・第二旅団などの正面軍（北方軍）を率いて南下し、田原坂などで薩軍と激戦を展開していた。

陸軍中将・参軍黒田清隆は、衝背軍の別働第一・第二・第三旅団を率いて日奈久、八代に上陸した。

衝背軍《しょうはいぐん》（背面軍・南方軍ともいう）は、黒田清隆の建策によるもので、肥後海から八代に上陸し、薩軍の背後を衝《つ》き、熊本城外の薩軍を攻撃しようという目的で編成し、黒田が自から参軍（総司令官）として衝背軍を指揮し、薩軍に打撃を与え、熊本城包囲突破に成功した。

だが、八代・松橋・川尻と進撃し、四月十五日熊本入城までの黒田は、薩軍本営のある熊本への進撃命令を渋ったりして、衝背軍が熊本城下へ進軍した十五日には、すでに薩軍本営は十三日に木山へ撤退していた。「南方軍停滞す」という批判もあったようである。

衝背総司令官として進撃するが、薩軍本営を目前にすると西郷の恩顧を思い浮かべ進撃を渋ることになってしまう。西郷と大久保が不倶戴天《ふぐたいてん》の関係になったなかで、黒田は大久保に従いながら悩みも深かったのであろう。

2　西郷と大久保、友情破裂・政変原因の時系列調

明治六年政変と、西郷と大久保の友情破裂の原因については、それぞれ問題ごとに述べてきたが、歴史の流れの中で把握できるように西郷の動向を時系列で述べてみたい。

明治四年

七月　廃藩置県。

十一月　岩倉遣外使節団出発。

明治五年
七月　北方屯田兵団構想を黒田清隆開拓次官へ通知。
八月　ロンドン滞在の大久保へ手紙、あたたかい友情の手紙は十二日付けが最後。
十一月　島津久光が西郷詰問十四カ条を三条太政大臣へ。西郷驚いて帰省願いを出し東京発鹿児島へ。久光執事あて詫び状を出す。
明治六年
三月　十九日に副島外務卿が清国訪問途中鹿児島に寄航。
三月末　鹿児島発四月上旬東京着。
四月　北海道移住と北方屯田兵団構想を閣議へ。棚上げ。
四月十九日付けで大久保の政敵、江藤新平と後藤象二郎を大久保より上位官職の参議へ。
留守政府の筆頭参議の西郷が、四カ月間も政府を留守にしての長期間の鹿児島滞在も異常であるが、上京の際開墾用具を持参したり、大久保が憎悪しているライバルの江藤新平を上位官職へ昇任させたり、西郷の心境に大きな影響を及ぼすなにかがあったようである。

久光の怒りを解くために、側近の中山仲左衛門や、市来四郎・大山綱良、そして元家老桂久武などに会い、斡旋を頼んだであろう。

何回か会う中で、十一年前の文久二年の寺田屋事変で沖永良部島への生涯不返の永久流罪の原因について、大久保から聞かされていたことと違う側近会議の真相や大久保ざん言の事実を聞かされたようである。

西郷は下関から大坂へ行く時に、久光あての置手紙を白石正一郎に頼んで上坂して行ったのに、大久保は「一通の書置きも残さず勝手に行った」と報告して久光が西郷に激怒したこと、兵庫では、「西郷は浪人と結合して暴発の企てをしている」と報告したことなどを聞かされ、驚がくしたことであろう。

さらに、沖永良部島への永久流罪からの赦免と復帰は大久保の尽力によるものと感謝してきたが、実際は、京都藩邸で有志たちが小松帯刀と大久保利通に久光に嘆願《たんがん》してくれるように頼んだが、大久保は久光の怒りを買うことを恐れ、言を左右にして煮え切らない。それならと、黒田清綱、三島通庸、柴山景綱、篠原国幹、永山弥一郎、椎原小弥太、伊地知正治、福山清蔵、井上弥八郎、折田要蔵など十数人の有志たちが、西郷の赦免召還を申し上げ、お聞きくださらぬ時は久光の御前で腹を切ろうとまで決めて、高崎正風と高崎五六を代表に立てて嘆願した結果であることも知らされた。

長年、大久保を親友と思ってきただけに、にわかに信じたくないことだったであろう。

実は、鹿児島滞在四カ月間の西郷の動静が明らかでない。信愛してきた大久保との関係だけに、この間、当時の関係者に会って事実を調べたのであろう。

その結果、大久保との訣別《けつべつ》と、師でもあった島津斉彬の遺志を実現するために、樺太領有とロシアの侵略的南下に対抗するため、樺太から朝鮮にいたる防衛線構想を実現するため、北方屯田兵団《とんでんへいだん》構想実現のための北海道移住と、朝鮮問題の解決へと決意を固めたのであろう。

西郷の朝鮮使節と北海道移住への熱意と、大久保との対立抗争の要因なる鹿児島長期滞在に着目した歴史家は少なく、見過ごしているようである。

明治六年

五月　二十六日に大久保帰国、二十七日頃大久保と西郷会談、大久保は留守政府の約定書違反に抗議、西郷は寺田屋事変でのざん言問題を追求したと思われる。大久保は大蔵卿なのに登庁せず。

八月　十五日付けで、村田新八と大山巌へ西郷非難の手紙。十六日から一カ月間遊覧の旅に出る。十七日、閣議は西郷の朝鮮派遣使節を議決。十九日、三条太政大臣が天皇に上奏し、天皇は了承。なお、岩倉遣外使節の帰国後熟議し、さらに奏聞すべしと付け加えられた。

九月　十三日に岩倉具視ら帰国。

十月　十四日朝鮮使節派遣閣議で大久保が「約定書に違反して朝鮮派遣使節を決めたのは卑怯でしょう」と言ったのに対し、西郷が「卑怯はどちらか自分の胸に聞け」と大声でどなり合うすさまじい大喧嘩で、出席者は呆然として口をはさむ余地のない光景だった。十五日の閣議で、西郷の朝鮮使節派遣決定。十八日三条太政大臣が閣議決定を上奏する日に高熱で倒れた。ここに岩倉を太政大臣代理に任命し、上奏権と天皇の裁可権を利用することで、岩倉に閣議決定と異なる使節延期を上奏させ、朝鮮使節派遣の閣議決定を覆す起死回生の陰謀といわれる「一の秘策」が、岩倉、大久保、伊藤と黒田、吉井の宮廷工作で実施された。二十三日、西郷は岩倉の暴言に抗議して辞表提出。二十四日、天皇は朝鮮使節の延期を裁可。板垣退助、後藤象二郎、江藤新平、副島種臣も辞表提出。二十五日、大隈重信を参議兼大蔵卿、大木喬任を参議兼司法卿、勝安房を参議兼海軍卿、伊藤博文を参議兼工部卿、寺島宗則を参議兼外務卿。

十一月 二十九日内務省発足で、大久保を参議兼内務卿に任命し、西郷派に復帰の余地なからしめた。

この政変で下野した参議の板垣退助、江藤新平、後藤象二郎、副島種臣らは「民撰議院設立建白書」を左院に提出し、「愛国公党」を結成し、自由民権運動に乗り出した。この建白書と、天賦人権論を基調とした綱領《こうりょう》を掲げた愛国公党の結成は、有司専制政府への、攻撃として全国に大きな反響を呼び起こした。

内治急務論を主張して、征韓論と非難して政権を執った大久保政府は、政変から半年後の明治七年四月には台湾出兵、八年五月には樺太・千島交換条約、八年九月には朝鮮との外交回復を狙って軍艦雲揚《うんよう》を江華島に接近させて挑発して砲台を占領し、砲艦外交で、日朝修好条規を締結した。

台湾出兵の際、長州派総帥の木戸孝允は、「内治急務を唱えながら、舌の根も乾かぬうちに外征とは」と非難して参議を辞任して山口に帰って行った。

征韓論政変は、内治急務論と征韓論との外交政策論争によるという学説は、政変

の勝者に都合のいいように御用学者と創作した作品で、いかに実体と遊離《ゆうり》している
か、矛盾に満ちたものであるかが露呈している。
西郷南洲の「正邪なんぞ定まらん、後世必ず清きを知らん」に向かっているよう
である。

第七章　通説・表層史観から真相（深層）史観へ

1　はじめに

勝者の書いたそして勝者の側に立って書かれた歴史は表面的・皮相的でその底に隠された真相や謎があるという歴史作家の指摘や、通説ほど人を惑わすものはない、歴史を研究する場合一からやり直す気持ちで取り組む必要があるという海音寺潮五郎の言葉に共感しつつ、史料調査と執筆に取り組むよう心がけてきた。

2　歴史の謎と嘘

まず、正史への興味深い見方として、作家中津文彦氏の論を紹介しておきたい。日本の歴史には多くの闇の部分がある。謎と死角を生むのはそのためである。なぜ闇の部分が生じるのか。まず第一には、正史とされるものが、日本人特有の精神構造や美意識などに基づいて書き残された史料に頼らざるを得ないことが挙げられよう。後世のために厳正中立の立場で真実のみを記録した、などという史料は皆無なのだ。

一例を挙げよう。「正史」は「社史」によく似ている、と述べた歴史研究家がおられて、私はまことに当を得た表現だと思っている。

ある企業で社史を編纂《へんさん》する際に、たとえば社長交代劇に関してどれほどのページを割《さ》くだろうか。Aという社長が老齢となり、引退を求める声が強まってきたとする。後任をB専務とC常務が激しく争い、多数派工作やら中傷合戦やらが日に余るようになって、メインバンクが密かに仲介に乗り出した。そして、結局B専務を押さえ込み、C常務を新社長に据えることに成功した──というような例はままみられることだろう。

しかし、この企業の社史には、そうした経緯《けいい》はいっさい載らない。まずA氏の功績を讃《たた》え、次いでC氏に社長の座を譲ったという『事実』だけが記載されるに違いないのだ。

それは確かに事実であり『史実』であろう。しかし、歴史というのは、先人たちが生きて動き回った足跡の記録でなければならない。そこには、愚かな戦による死もあれば、崇高な精神の発揮された犠牲的な死もある。ドロドロした陰惨《いんさん》な葛藤《かっとう》もあれば、素晴らしい創造もある。それらのすべてが「歴史」にほかならない。そこから我々および我々の末裔《まつえい》たちが糧《かて》として何かを学び取っていくことを考えれば、記録を残す者が勝手に取捨選択することは本来許されないのである。

次に中国の歴史について、「歴史の嘘」という題で、川島順平早大教授（仏文学）がある雑誌（昭和四四年一二月号）に、次のような興味ある文を書かれている。

今から一〇年近く前の話だが、偶然の機会から元清朝の皇帝の一門の方で、戦後は静かに日本に暮らしているＫさんと知り合いになった。Ｋさんは日本の最高学府を出たインテリだが、料理に造詣が深く、自ら包丁をとれば、本職のコックなど、とうてい及ばない中華料理をつくる方だった。まことに失礼な話だが、このＫさんをわが家にお招きして、私の家内や娘たちは、週に一度料理の手ほどきをしていただいた。それは文字通り皇室料理であったわけで、私にとっても、そのお料理講習日が、待ちどおしかった。

だが料理の楽しみに加えて、Kさんから伺う満洲国秘話や満洲民族と漢民族との闘争の歴史、川島芳子の思い出などは、さらに私にはおもしろかった。そうしたお話の中で、Kさんのつぎの言葉は私の脳裏に刻みこまれ、ことあるごとに思い出すのである。

「中国では滅ぼされた王朝の歴史を、滅ぼした王朝の史家がかいた史書は、絶対に信用するなと言われています。滅ぼした王朝は、その革命を正当化しようと、前の王朝がどれほど腐敗し、どれほど悪政をしいて人民を弾圧したかということばかりをかき、現在の政府こそ理想の国家だと思わせるようにかきます。それで一般の国民は、なるほどそうかと、前の王朝を憎み続ける。したがって、私は清朝時代にかかれた明朝の歴史は、全然信用しませんし、清朝について書かれた革命後の共和国時代の歴史も、全然信用できません」と。

なるほどKさんの言葉の通り、徳川時代に書かれた豊臣時代の歴史は、ずいぶん偏見にみち、歴史を歪曲したものが多い。明治以後に書かれた徳川時代の歴史となると、さらに露骨に幕府攻撃に終始したものばかりだ。徳川家康は大悪党。そして幕府は歴代、失政を重ね、人民を苛斂誅求《かれんちゅうきゅう》し、徳川時代は暗黒時代だったように書いた本が、戦前までは教科書として使われていた。

徳川時代の歴史が、比較的公正な見方で書かれるようになったのは、日本が民主国家として生まれかわった終戦後のことである。徳川家康が、天下の器量人として崇拝されるようになったのは、まったく山岡荘八氏の『徳川家康』がベストセラーとなって以後のことである。

次に、日本の明治史編纂について見てみたい。

3　順逆史観・大久保系修史局と在野史観

歴史は、勝者の歴史、勝者の立場で書いた歴史、勝者が書き替えた歴史という面があるといわれる。

明治八年、新聞紙条例と讒謗律《ざんぼうりつ》という言論の統制弾圧法の制定と、時を同じくして設置された修史局が、大久保政権御用史編纂局の性格を帯びて発足したことは当然であった。

修史局編纂の、慶応三年からの幕末維新史である「復古記」と、明治史である「明治史要」について、旧幕府関係者と奥羽列藩同盟の関係者から、官製「順逆史観」と反撥されているように、太政官政府に反対したものは、すべて賊徒・逆徒とされた。

この順逆史観については直木賞作家の中村彰彦氏は次のように述べている。

「ところで明治という名の新時代は、日本人のすべてが文明開化の世を謳歌した時代ではない。明治政府の顕官となった榎本武揚ら例外的な存在を除いて考えるなら、旧幕府関係者、ないし奥羽越列藩同盟に与《くみ》した諸藩の出身者たちにとっては逆風吹きすさぶ時代にほかならなかった。

薩摩藩出身の重野安繹《やすつぐ》、佐賀県出身の久米邦武らが作り、国史アカデミズムの脊柱として据えられた官製史観は、順逆史観であった。これは戊辰戦争を正義の軍隊が逆賊を討った戦いと規定するものだったから、右のグループに属した人々は賊徒、朝敵とレッテルを貼られ、いわれなき屈辱を味わう後半生を送らねばならなかったのである。

だが順逆史観は、今日の視点から見ればもはや過去の遺物でしかない。

なによりもこのように皮相的に過ぎる見解は、大和朝廷かまつろわぬ民か、源氏か平家か、南朝か北朝か、といったあまりに単純な二元論的歴史観を一歩も出るところがなかった。しかもしゃにむに江戸幕府の歴史的意義を否定することのみを主眼としたこの歴史観のもとでは、江戸幕藩体制下においてようやく五街道や物資の流通ルートが確定されたこと、武家文化と都市文化の両者が花開いたことなどを正しく評価できるわけもなかった。」

この官製「順逆史観」は、征韓論政変と俗称されている明治六年政変から西南戦争までの西郷派についても、適用されている。

修史局の実質編集責任者は、一等編修官・編修副長官などを歴任した重野安繹《やすつぐ》と編修参与の伊地知貞馨《さだか》であった。

重野は、江戸薩摩藩邸勤めの時、金銭上の問題を起こし大島に遠島になった。

西郷も、島津斉彬の死後、安政の大獄で追われ、大島に潜居することになったので、重野は何回か訪ねているが、大島から帰った後は殆んど会っていないようである。それどころか、「西郷を人々は豪傑だというが、度量が大きいとは言えない」などと、色々悪口は言っている。

そして、明治一〇年九月二四日、城山で西郷が死んだとの報に接するや、修史局（館）一等編修官だった重野は狂喜したとも言われるほど大喜びで、麹町三年町の大久保利通邸に駆けつけ、「大乱平らぎ、国家の為に賀すべし」と、祝いを言上している。

西郷の死を喜び大久保邸にかけつけたのは、重野の養女尚が大久保の長男利和に嫁ぎ、姻戚関係ということもあったからであろう。

その後、重野は、明治一四年の館職制改正で編修副長官となり、一九年一月、修史館が廃止され、内閣に臨時修史局設置で編集長となるなど、二六年まで修史事業に携わり、一時文科大学教授にもなった。

明治二八年四月に、文科大学内に史料編纂掛が設置されたが、弊害の多い国家事業の国史編纂を中止し、史学の発達に不可欠な編年史料の編纂に専念することになったのも、御用史学への批判からであろう。

伊地知貞馨は、江戸薩摩藩邸勤めの時、島津斉彬の命を受けた西郷の助手として、一橋慶喜を将軍世子にする運動や、密勅請下運動や水薩連合などに活躍した西郷の盟友で、藩内で大久保と並ぶ才子とも言われていた。

西郷の弟分的盟友だった貞馨（当時堀次郎）との親しい関係が破綻したのは、文久二（一八六二）年四月、島津久光が武装藩兵一千を率いて上洛してきたときのことである。

久光の上洛を、討幕挙兵の好機到来と見た有馬新七ら薩摩藩精忠組尊王急進派と長州藩及び諸藩の尊王攘夷派の志士たちは、続々と京・大坂に集まってきた。

志士たちの暴発を抑えるため、久光より一足先に京・大坂の地に入った西郷は、長州藩の志士代表格の久坂玄瑞《くさかげんずい》（高杉晋作と並ぶ吉田松陰門下の双璧《そうへき》）と会った。

久坂は、藩中から長井雅楽《ながいうた》のような姦物を出したことは天下に申訳ないと思うので、我々は貴藩と事を共にして、名誉回復をはかりたいのだと西郷に語った。

長州藩政の中枢にいた中老・長井雅楽は、「航海遠略策」という、公武一和の立場に立って、安政の違勅調印以来のわだかまりを捨て、航海を開き、武威を海外に振るよう朝廷から幕府に命令せよという開国策と公武合体策を合わせた政策論を藩是とし、公武間を周旋した。

幕府老中の久世・安藤政権や公家たちもこれを支持していたが、長州藩内の吉田松陰門下を中心とした尊攘派の台頭と時勢の急激な動きなどで、長州藩論は尊皇攘夷へと転回し、雅楽と航海遠略策は、姦物姦計などと非難を浴びていた。

西郷が、「貴藩は長井をどうなさるおつもりです。長井は姦論を提唱し、朝廷の論をまどわしていますぞ」と言ったのに、久坂は「斬ります。今、同志の間でそれを進めつつあります」と答えた。

西郷が、「それがよろしい。そうなさって、はじめて算用が合います」と言ったところ、久坂も残念だったのか、「その長井に、貴藩の堀次郎殿が同調して、薩摩侯も同意であると申しておられます。長井はこの旨を朝廷への上書に書きのせています。これは一体どういう算用になりましょう」と、切り返してきた。

西郷は驚いて調べてみたところ、久坂の言ったことは事実だった。

ある日、訪ねてきた堀に、西郷は、「長州の長井が朝廷にさし出した上書を読んだが、なぜそげんことをしたのじゃ、久光公の公武合体論は、朝廷が主で、幕府が従だが、おはんほどの人が、これに気づかんはずはなか。なぜこれに同調したんか」と、非難し、追及した。

堀は学才もあり、弁も立ち、色々と弁解するので、西郷が、「この上、おはんが長井など奸物と同調するなら、長井は長州の有志が討つことになっているから、こちらもおはんを討たねばならんぞ」と、はげしく叱責した。そばにいた村田新八が、「そん時はわしがやりもすぞ」とさけんで、火鉢を堀の前に投げつけたりした。

堀は、長井との同調を村田たちの前でしたたか叱られたこともあってか、久光に、「西郷は若い者どもを煽動《せんどう》し、暴勇な他藩士や浪士輩と通牒し、久光様を擁立《ようりつ》し、尊王討幕のことをおこそうとして画策《かくさく》中でございます」と報告した。海江田、大久保などの報告と重なり、西郷は大坂から国許へ送還となり、その後沖永良部島へ永久流罪の処分となった。

堀は、寺田屋事変後江戸藩邸留守居をつとめ、文久三年の薩英戦争の際は、伊地知正治とともに英艦との交渉に当った。

維新後は、琉球国制度改革に関与し「沖縄志」五巻の著述もある。

明治一四年修史局編修に任じ、二〇年まで勤めた。

このように、明治八年から二六年まで、修史局の重野安繹、伊地知貞馨ら反西郷で大久保系の歴史担当者が、国家事業としての国史編纂を独占してきた。

重野は、事実考証を重んずる実証史学という名分で、水戸学の大日本史を批判したり、「太平記」の児島高徳の実在を抹殺《まっさつ》し、抹殺博士ともいわれた。

なお、重野退官後の明治二八年からは、弊害が多いと批判の声の高かった国家事業としての国史編纂は中止され、史学の発達に不可欠な編年史料の編纂に専念するよう改革された。

大久保派明治維新史は、その後、大久保利通の孫である大久保利謙《としあき》博士によって、重野安繹の研究を拡大発展させて集大成された。

大久保利謙氏は、昭和三年頃、東大国史学科では、明治史は現代として、近代史の対象外とされていた時期に明治史に取り組んで、明治史の権威になって行った。

そして、侯爵・貴族院議員などの特権的地位や背景にも恵まれ、国の近代史研究にも幅広く関与して、大久保利謙学説は、大きな影響力を持ってきた。

重野安繹博士も、大久保利謙博士も、秀れた日本史研究家ではある。

だが、西郷隆盛派と大久保利通派との対立抗争であり、大久保利通・伊藤博文ら外遊帰国派の西郷留守内閣打倒の権力闘争である明治六年政変から、維新の三元勲として西郷・大久保・木戸と並び称されている長州派総帥木戸孝允が、「西南戦争は、大久保・川路と西郷・桐野らの私闘にすぎないのに、大久保が政府軍まで巻き込んで戦争と戦禍が大きくなった」という見方もしている西南戦争前後の歴史を、一方の当事者である大久保派明治史家が、官製正史の裁判官のような立場で、史料の取捨選択も行ってきたのは、著しく不公平のように思われる。

現憲法・法律は、司法権の作用が適正に行われるためには、裁判所は、公平な構成をもったものでなければならないとし、「すべて刑事事件において、被告人は、公平な裁判所の……裁判を受ける権利を有する」と定め、偏頗《へんぱ》な裁判をするおそれのある裁判官を職務の執行から排除する制度として、除斥、忌避、回避の制度を設けている。除斥は、偏頗な裁判をするおそれのある一定の類型的な事由があるとき、その裁判官を法律上当然に職務の執行から排除することとし、その事由として、「裁判官が被告人もしくは被害者の親族であるとき」と定めるなど公平な裁判の制度的保障をしている。

勿論、法律学と歴史学とでは、学問としての性格を異にする。だが、「歴史の審判に委ねる」という言葉や、「いずれ、後世の歴史が正しく判断してくれるだろう」という言葉もあるように、正史編纂史家にも、公平な立場と、公正な判断が期待されている点では、公平な裁判所の精神に相通ずるものがあるように思われる。

このような状況に対し、在野の、権力に迎合しない国士的人物たちは、史料の発掘・収集に大変な苦労をしながら、官製史にない真実を伝えるため、様々な著書を発刊している。数例の有名な参考文献をあげただけでも、次のようなものがある。福沢諭吉著・丁丑《ていちゅう》公論、加治木常樹著・薩南血涙史、徳富蘇峰著・近世日本国民史のうち十二巻（六千頁）、頭山満《とうやまみつる》・内田良平代表の黒龍会（玄洋社）編・西南記伝、平泉澄《ひらいずみきよし》著・首丘の人大西郷、海音寺潮五郎著・西郷と大久保と久光、坂元盛秋著・西郷隆盛・福沢諭吉の証言、村野守治著・西南戦争と私学校群像、鮫島志芽太著・日本でいちばん好かれた男等。

それと前述したように、西南戦争について、維新の三傑・木戸孝允の「西南戦争は大久保・川路と西郷・桐野らの私闘にすぎないのに、大久保が太政官と政府軍まで巻き込んで戦争と戦禍が大きくなった」という長州派総帥の見方や、土佐派でも「何を国賊と云うか」について、政府に敵対することは賊であるという「卑屈」の風潮を批判する「西郷＝抵抗者説」など、薩・長・土・肥の長州派・土佐派に客観的な見方が存在するようである。

4 客観的・信頼性のある史料「明治天皇紀」

明治維新史編集については、明治二〇年代に、関係者が生存している間に編集事業をやったらという動きが出てきて、宮内省がまず資料蒐集から着手しようとした時に、伊藤博文が時期尚早と反対し、延期になったといわれる。

そういうことで、本格的な政府編纂の史書として参考になるのに「明治天皇紀」がある。

「明治天皇紀」は、明治天皇の事蹟を中心にその背景をなす政治上、社会上その他の重要事件を併せ記述した史書である。

明治天皇の事蹟を編修して後世に伝えようと、大正三年一二月宮内省に臨時帝室編修局が設けられ、伝記であるとともに国史として天皇紀を編修する方針のもとに事業が進められ、編修開始以来一八年余を経て、昭和八年九月に編修が完了した。

「明治天皇紀」はなぜか四十年も未公開だったが、明治百年記念事業として公刊することとなり、昭和五二年までに全一三巻刊行されている。

近頃、原典・史料の閲覧も許されるようになったということで、正しい明治史への解明が期待される。

明治天皇紀の編修にあたって、資料の蒐集は特に力を尽くし、東山御文庫御物や内大臣府所蔵の明治天皇御手許書類を始め、内閣・枢密院・宮内省・外務省その他諸官庁の公文書類を調査し、三条家を始め多数の元勲重臣或は宮内官の子孫等の諸家について家蔵の日記・書翰類を渉猟《しょうりょう》したほか、側近奉仕者や維新前後の事件に関与した人々を招いて実歴談を聴取し、或は既刊の諸書を探り、或は行幸先の地方を歴訪して実地を調査し逸聞を拾録するなど、広汎な蒐集が行われた。資料採訪先は千箇所を超え、借入資料の件数は凡そ六万四千件の多きにのぼったが、それらの公私の記録文書の中には、御紀編修の故に始めて借覧抄録を許されたものも少なくなかったといわれる。

この明治天皇紀の史料閲覧許可によって正史や通説の根拠とされてきた一次資料（史料）についての照合・検証が可能になってきたので、明治史の見直しが進むことを期待したい。

それにしても、明治天皇の事蹟を中心にその背景をなす政治上・社会上その他の重要事件を併せ記述した公的伝記として、広く国民に読んでもらうため編集された『明治天皇紀』が、四十年もの長い間未公開とされてきたことに、不可思議さを感ぜざるにはいられない。

編集局の総裁・副総裁・顧問は、次のように明治政府の元老・高官であり、編集官も中立的立場の歴史家のようである。

総　裁　土方久元　田中光顕　金子堅太郎
副総裁　藤波言忠
顧　問　山県有朋　大山巖　松方正義　井上馨
　　　　徳大寺実則　西園寺公望　杉孫七郎
　　　　香川敬三
編修長（編修官長）　股野琢　竹腰与三郎　三上参次
編　修（編修官）　重田定一　池辺義象　寺田成友

木寺柳次郎　渡辺幾治郎
本居清造　上野竹次郎

他方、修史局の重野安繹博士編纂の明治史と、それを集大成させた大久保利謙博士の大久保利通顕彰史観は明治史の正史となっていたが、明治天皇の事蹟を中心とした一次史料により編纂された『明治天皇紀』は、明治史の正史となる可能性を持ち、かつ正反対の史実も色々と記述されているので、大久保顕彰史家によって好ましくないものとして、四十年という長年公開を封印されたのであろう。

「近代史家には西郷に冷たい歴史家が多い」という言葉とともに、「権力者は現世だけでなく、後世の歴史までも支配する」との御用史観の存在と勢力を推量させている。

（1）飛鳥井京大名誉教授の『明治大帝』

大正三年（一九一四）から編集を開始し、昭和八年（一九三三）に完成した公的伝記『明治天皇紀』を基礎資料として、京大名誉教授飛鳥井雅道《あすかいまさみち》氏が書かれた著書『明治大帝』（筑摩書房）の中の、「西南戦争と天皇の反抗」を通して明治史の真相（深層）に迫る記述を考察してみたい。

飛鳥井氏は『明治天皇紀』とともに、明治天皇の信任厚い侍講で宮中顧問官元田《もとだ》永孚《ながさね》の「還暦之記」などの関係文書、枢密顧問官佐々木高行の日記で政府部内の動向を記した貴重な史料といわれる「保古飛呂比《ほごひろい》」も関連引用しながら述べている。

なお、元田永孚は一貫して天皇の「御手許機密の顧問」として天皇の信任を受けて活動し、佐々木高行も宮中に自由に出入りできる特権を認められ、内閣の政治機密についても、くわしく天皇から相談を受けつづけていた最側近でもある。

ところで著者の飛鳥井氏は、京大大学院仏文修士課程から京大人文科学研究所日本部明治班の助手として採用され、その後、林屋辰三郎氏の幕末研究班の助教授になり、その後大学院人文学研究科でも授業を担当し、教授になっている。

「明治大帝」の著者紹介には、日本文化史専攻、文学・思想への深い造詣《ぞうけい》を背景に、日本近代史の書きかえに挑戦している、と書かれている。

「坂本龍馬」、「文明開化」などの著書論文とともに、「皇族の政治的登場―青蓮院宮活躍の背景―」のように、朝廷のことについて精通している著者ならではの新しい視点での秀れた論文がある。

ところで飛鳥井家というのは、公家《くげ》の家系で、歌・鞠《けまり》の師範家で、明治に伯爵《はくしゃく》家となっている。

先祖は、勅撰集の撰者、豊臣秀吉・徳川家康の歌道師範などで、歴代将軍家の保護を受けて中世・近世を通じて中央文化圏の指導的地位にあったようである。

旧華族で宮内官僚《くないかんりょう》だった父の長男として生まれた飛鳥井雅道氏は、霞会館（旧華族会）に次期当主として登録されていたのを、日本近代史論をマルクス主義史学を含め自由な歴史観で展開するため、弟を当主として登録して自由の身になっている。

飛鳥井氏は、公家・華族社会、そして父が宮内官僚という環境で育った特性を活かし、明治天皇紀の中の資料を駆使《くし》して一般に知られていない宮中における明治天皇の事蹟や政治上の重要事件を『明治大帝』の中で次に掲げるように明らかにされている。

（2）西南戦争で天皇が親征へ反抗

明治一〇年、父・孝明天皇の十年式年祭のため、一月二四日天皇は京都にむかって出発した。二八日、京都着だが、この時すでに「行幸」と呼ばれ、還幸の語が使われていないのも記憶しておこう。そして京都着のその日、鹿児島では私学校党が陸軍の弾薬をうばい、海軍の火薬庫を占領した。西南戦争がせまっていた。

予定では奈良行幸および神武天皇陵参拝後、二月一四日神戸発の船で帰京と定められていた。（略）東京にいた大久保はただちに西下し、京都御所を仮太政官とし、天皇親征の形をととのえた。徳川慶喜追討時の「大坂親征」に似た形が、今度は京都においてとられたことになる。

しかしこの迫りくる西南戦争における西郷隆盛・大久保利通両者の国家観・政府観には、双方とも、政府は自分が作ったものとの感覚を、はっきり浮きださせるものがあった。

西郷は二月一二日、兵を挙げる時、声明した。西郷・桐野利秋・篠原国幹三人連名である。

拙者共こと、先般御暇の上、非役にて帰県致し居り候ところ、今般政府へ尋問の筋これあり、□日に当地発程致し候間、御含のため、この段届出候。もっとも旧兵隊の者共随行、多人数出立致し候あいだ、人民動揺致さざる様、一層の御保護、御依頼に及び候也。（『大西郷全集』）

政府に「尋問の筋」があるとは、何という自信であろうか。

一方、西郷暴発の知らせを聞いた大久保は、「朝廷不幸の幸と窃《ひそか》に心中には笑《えみ》を生じ候くらいにこれあり候」と伊藤博文に書きおくった。

この場合、「政府」とは西郷にとっては大久保一派の意味しかなく、また大久保のいう「朝廷」とは自らが握る国家の意味しか含まれていない。この時天皇が政治

的に登場する場は存在しなかった。（略）

二月一一日、天皇は神武天皇陵に参拝した。文久三年に新たに定めた陵とはいえ、天皇が人皇第一代の陵に親拝するのははじめてだった。翌日は雪が降り、「崇高の気天地に満つ」という。天皇はもう一日大和にいたいといいだした。しかし、日程変更は「人民の煩労」であり、また「鹿児島の風雲穏かならざるの時、一日も早く還幸」をと説得されて出発したという（『明治天皇紀』）。この日、陸軍卿・山県有朋が呈出した奉状は書いていた。

鹿児島の「発作に当り、如何なる景況を現出し、如何なる変動に立至るも計り難し、此事、実に浅少に非ざるなり」。鹿児島に肥前・肥後・久留米・柳川、阿波・土佐、山陽山陰では因・備、さらに彦根・桑名・松代・大垣・高田・金沢、ひいては会津・米沢まで応ずるかもしれない。「向背一として定まる者なし」。この表現は、やや山県有朋の神経質さを表しすぎているきらいはあるものの、西郷が蜂起した以上、これくらいは二六歳にもなった天皇には充分予想できるはずだった。予定変更を、前例なくこの時に限っていいだしたのは、『明治天皇紀』がいおうとする大和への愛着だけでなく、むしろ、京都へ還って西郷軍との正面対決の政治的場にひきだされるのがいやだったからではなかったか。

これがわたしの邪推といえないのは、熊本城が薩軍に包囲され、まだ政府軍が分断されているさなかの、『明治天皇紀』三月二一日条以後、はっきり奇妙な天皇の行動が記されはじめるからだ。

京都に行幸以来、宮殿御間取の都合により、日夜常御殿に在らせられ、拝謁者御引見の時を措きては御学問所に出御あらせられず、大和国より還幸の後も亦同じくして、唯毎朝西南事変に就き太政大臣三条実美より其の概要を聴きたまふのみ。而して常御殿にありては女官左右に奉事し、大臣・参議と雖も、九等出仕を経ずば天顔に咫尺するを得ず。

京都に常駐していた三条・岩倉・木戸そして宮内卿になっていた徳大寺実則や侍従長・東久世通禧らが心配し、「再三諫奏」しても「事容易に行はれず」という。

この時政府部内では、薩軍のあまりの強さに対抗するため、一歩進めた「天皇親《しん》征《せい》」が考慮され、また徴兵制軍隊では士族軍に対抗できないとのおそれから、「壮兵徴募」が計画されはじめた時期だった。「親征」「壮兵」は木戸・大久保・伊藤博文らの間で激論となった。

天皇の政務拒否は意図的だったと思われる。『明治天皇紀』は御所の「間取の都合」をいうが、京都御所などは全体でも狭いものだ。そして、表の大臣が、奥向きの「九等出仕」といった下級官女をとおさないと天皇に会えなくなったのは、明らかに異常だった。

三月二一日に、天皇は「隔日」に御学問所に出てゆくといったとされているが、事態は改善されなかった。『明治天皇紀』三月二五日条は記す。京都滞在がきまってから、「日々深宮を出でたまはず。僅かに二月二一日・三月一八日の両日、御所内馬場にて乗馬あらせられしのみ」と。八年には二二五回乗馬した天皇は、この戦争中は態度を一変していた。馬は青年天皇にとって、軍事を意味していたのだから、乗馬拒否は、西郷隆盛にたいしての「親征」はいやだとの表現にほかならないと私

は考える。（略）

天皇が日露戦争開戦にあたって詠んだとされ、今上天皇が日米開戦にあたり読みあげたという、有名な「御製」がある。

よもの海みなはらからと思ふ世に
なと浪風の立ちさはくらん

この歌は、実は明治一〇年の作だとの伝えがあった。最近では飯沢匡『異史 明治天皇伝』がこの説だが、わたしも同意見である。飯沢匡の本は、史料の読みちがえ、思いこみが多く、著者の近親者の回想を除いてあまり信頼できないが、明治一〇年の天皇の「サボタージュ」の部分は、さすがに作家の勘が光っている。わたしは飯沢匡以上に、明治九年以後の天皇は、かなり明確な西郷びいきだったと考えたい。だからこそ、天皇は西南戦争がせまった時、日程変更をいい、表にでてこなくなり、乗馬を拒否し、勉学をも拒否したのだった。

渡辺幾治郎は奇妙な天皇の言動を伝えている。出所が記されていないのは、何かをはばかったためであろう。「明治一〇年秋の頃であった。或る日皇后や女官等に西郷隆盛といふ題を賜ふて和歌を詠じさせた。西郷の罪過を誹《そし》らないで詠ぜよ、唯今回の暴挙のみを論ずるときは、維新の大功を蔽《おお》ふことになるから注意せよ、と仰せられた」（渡辺幾治郎『明治天皇の聖徳・重臣』）。西郷の死は九月二四日である。奥にとじこもった天皇が、そのに年「秋」に賊の追悼《ついとう》歌会をおこなうのは、政治的に異常というべきであろう。

天皇は終生、西郷に同情的以上の言動をくりかえした。憲法発布後の二四年春、西郷がロシアにのがれており、皇太子ニコライの訪日の船に同乗して帰国するとの新聞記事があふれ、人々を楽しませたことがあった。やがて『郵便報知新聞』は次のように報じ、この記事は全国の新聞に転載された。

西郷生存説遂に叡聞に達す。西郷隆盛翁死して復《ま》た活《い》きんとす。道路喧伝《けんでん》の声叡聞に達す。陛下即《すなは》ち微笑《ほほえ》み給ひて、侍臣に宣《のたま》はすらく。隆盛にして帰らば、彼の一〇年の役に従事して偉効を奏せし諸将校の勲章を剥がんものか。承るも畏《かし》

こし。（四月七日付）

笑談にしては毒が強すぎる。

西南戦争の大勢が決した一〇年七月末、天皇は東京に帰った。しかし政務に不熱心なことは相かわらずだった。六年の火事のため太政官代と仮皇居が遠すぎるというのが口実だったらしい。「月四度ないし六度」しか太政官代にでむかなかった（『明治天皇紀』一〇年八月一五日条）。

このころからめっきりと頭角をあらわしてきた参議・伊藤博文は上奏して言った。かつての功臣が罪をえて死ぬのは「昭代の美事に非ず」、天皇が「深く痛惜《つうせき》」するのも無理はない、しかし、今、あらためて「励精治を図《はか》るの盛意を以て」「群僚を率先」するなら、臣民もかならず感激して努力するようになるだろう。太政官を宮中に移し、内閣の名にふさわしいものにしてほしい、と。

天皇が政務をみないなら、太政官の方から宮中へ引越そうというのだった。天皇

の身辺は、ふたたび大改革をこうむった。（略）

5　「建武の中興」の道への警戒

佐々木高行たちは天皇に、このままでは建武の中興になってしまうとのべた。「建武」「神武」がことあるごとにひきあいにだされるのは、彼らが歴史の原点をたえず意識しなければ、明治国家を設計できなかった危機意識によるものであった。「真に御親政の御実行相奉り、内外の事情にも十分御通じこれなくては」維新も水泡《すいほう》、画餅《がべい》に帰す、と彼らは説いた。

天皇は涙をうかべたという（『保古飛呂比』）。彼らは、そののちに、手分けして三条・岩倉の大臣に説き、参議たちに申し入れた。天皇が閣議に常時出席すること。その閣議には侍補も出席できることを。

「建武の中興」とは、後醍醐《ごだいご》天皇の下で行なわれた天皇政権の復活で、護良親王・楠木正成らの挙兵により鎌倉幕府を倒し天皇親政による新政権を樹立した。

しかし、足利尊氏が室町幕府を開き、二年余で崩壊《ほうかい》した。

佐々木たち天皇側近グループは、大久保政権を天皇統治政権でなく足利幕府のようになってしまうと警戒し、天皇の常時閣議出席など天皇親政運動を推進している。

一方、自由民権運動の方からも動きが出ていた。

明治六年政変で西郷と下野した副島種臣・後藤象二郎・板垣退助・江藤新平ら参議は、明治七年一月、日本最初の政党である「愛国公党」を組織した。

そして一七日、「民撰議院設立建白書」を左院に提出し、自由民権運動の火蓋《ひぶた》を切った。署名者は、副島、後藤、板垣、江藤の下野参議四名と由利公正、小室信夫、岡本健三郎、古沢迂郎の計八名であった。建白書の冒頭には、「臣等伏して方今政権の帰する所を察するに、上帝室に在らず、下人民に在らず、而も独り有司《ゆうし》に帰す。夫《そ》れ有司上帝室を尊ぶと曰《い》わざるにあらず、しかも帝室ようやくその尊栄を失う。下人民を保つと云わざるにあらず、しかも政令百端、朝出暮改、政刑情実に成り、賞罰愛憎に出ず、言路壅蔽《ようへい》、困苦告ぐるなし、夫れ是の如くにして天下の治安ならん事を欲す、三尺の童子もなおその不可なるを知る。……臣等愛国の情おのずから止む能わず、即ち此れを振救するの道を講求するに、ただ天下の公議を張るにあるのみ。天下の公議を張るは、民撰議院を立つるにあるのみ。則ち有司の権限《かぎ》る所あって、而して上下その安全幸福を受くる者あらん。……」と、基本的主張が展開されている。すなわち、「有司」への国家権力の集中が、悪政をもたらし、社会の安寧を損なっているから、民撰議院を設立して「天下の公議」を政治に反映させ、また有司の権力を制限すべしといっている。

大久保利通・伊藤博文ら数名の高官による有司専制《ゆうしせんせい》政権に対し、明治天皇側近グループは天皇の閣議常時出席によって改革しようとし、自由民権派は国会開設によって独裁権力を制限しようと主張し、運動を展開している。

明治天皇の治世が、「極東海上の一小国より一躍して世界一等国の列に伍するに至れるは、歴史ありての以来の奇跡」と新聞は評価し、日本近代史で明治天皇だけが「大帝」の名で呼ばれている。

明治天皇の徳育と天皇親政運動を推進した元田永孚・佐々木高行・高崎正風・藤波言忠《ふじなみことただ》たち側近グループの役割の大きさに正当な評価と脚光を当てる必要があると考える。

佐々木高行たちが、大久保有司専制政府を建武の中興の足利幕府のようになると警戒しているが、これに関連しての興味ある話がある。

後年のことだが、明治天皇が山県有朋と伊藤博文の二人を呼ばれた時、山県が後から来た伊藤を、「陛下、尊氏《たかうじ》がまいりました」と申し上げたという。

これに対して、伊藤がどのように怒り狂ったかについての記録は残されてないということ。

明治天皇紀の六万四千件の多きにのぼる資料や、公私の記録文書の研究が進んで、明治史の真相が解明されることを期待したい。

6　親政運動を推進した明治天皇の信任厚い側近

元田永孚は、熊本藩校時習館で横井小楠から強い思想的影響を受けた。幕末、京都留守居、高瀬町奉行などを経て、実学党（朱子学）による藩政改革で藩主の侍読となった。

明治四年、宮内省出仕侍読となり明治天皇に「論語」を進講。以後明治天皇の君徳培養実現に尽力し、その後佐々木高行たちと天皇親政運動を推進した。

宮中顧問官、枢密顧問官を歴任し、皇室典範、教育勅語の作成にも関与した。

佐々木高行は、土佐藩の穏健な上士の尊攘派として大政奉還運動の推進に活躍した。

明治新政府に入り、刑法官副知事・司法大輔を歴任し、岩倉遣外使節団の一員として司法制度の調査に当った。

明治六年政変の際、板垣退助など土佐派の多くが下野したのちも政府側にとどまり、左院副議長・元老院議官・参議兼工部卿などを歴任した。

その後、宮中顧問官・枢密顧問官となり、東宮明宮（大正天皇）の教育主任、皇女の教育主任として奉仕するなど明治天皇の信任は厚かった。

佐々木高行の日記「保古飛呂比」は政府部内の動向を記した貴重な史料とされている。


高崎正風《まさかぜ》は枢密顧問官を務め、歌人で宮中御歌所所長として有名であるが、前半生は波瀾に満ちた生涯を送っている。

父高橋五郎右衛門は、島津斉彬の相続をめぐる嘉永朋党事件（お由羅騒動）、別名高崎崩れの首魁《しゅかい》として処刑され、正風も一五歳になるのを待って大島に配流され、一八歳の時許され、以後国事に奔走している。

幕末、会津・薩摩両藩を中心とする公武合体派が、長州藩を中心とする尊攘派を京都から追放し、三条実美《さねとみ》を初めとする長州系の七卿も都落ちすることになる文久三年八月一八日の政変と呼ばれる事件がある。

この八・一八クーデターを薩摩藩の責任者としてやったのが高橋正風であり、凄腕の持主でもある。

その後、沖永良部に流罪中の西郷の赦免召還へ切腹覚悟の嘆願《たんがん》をして実現させたのも高崎正風である。

西郷の赦免召還決定後に乗り出してきた大久保は、呼び返しの使者に吉井友実を選んで沖永良部島に行かせたり、盛大な西郷歓迎宴を開いたりした。

ところが久光公に激怒されながら切腹覚悟で西郷赦免を実現させた者が高崎正風であることを、大久保や吉井たちは西郷に話さなかったようで、高崎もまた恩に着せるようなので西郷に会っても話さなかったので、西郷は長い間知らなかったという。

西郷は沖永良部島への生涯不返永久流罪の赦免は、大久保の尽力と信じてきたが、実は高崎正風たちの切腹覚悟の嘆願によるものであることを、十一年振りに知った時の驚きはいかほどであったろう。

西郷は、他人の長所に素直に感心できる謙虚さ、誠実、豊かな愛情、そして大らかな性質であるが、感情の強い人柄で、その好悪の感情は心術の清潔と不潔、正邪にあるといわれるが、おそらく十一年間の自分の不明と欠礼を涙ながらに詫びたと思われる。

そして、高崎正風の高潔な人格と心情に深く敬意を持ち、この時から西郷と高崎は心の友となったのであろう。

それが、明治二十二年二月の西郷の賊名除去から三年半前の明治十八年九月に、西郷追慕の祭文である「城山」を、太政官トップの伊藤博文の不興・反感を覚悟の上で、勝海舟と共に作ったのであろう。

この「城山」は、

夫《そ》れ達人は　大観《たいかん》す　抜山蓋世《ばつざんがいせい》の　勇あるも
栄枯は夢か　幻か　大隈山の　狩倉《かりくら》に
真如《しんにょ》の月の　影清く　無念無想を　観《かん》ずらん

（略）

と勝海舟作に続いて、高崎正風は、

猪の年以来　養いし　　腕の力も　ためしみて
心の残る　事もなし　　いざ諸共に　塵の世を
脱《のが》れ出でんは　この時と　　唯一言を　名残りにて
桐野　村田を　初めとし　　宗徒のやから　諸共《もろとも》に
煙と消えし　ますらおの　　心の中《うち》こそ　勇ましや
官軍これを　望み見て　　昨日は　陸軍大将と
君の寵遇　世の覚え　　比《たぐ》いなかりし　英雄も
今日はあえなく　岩崎の　　山下露と　消え果てぬ
移れば変る　世の中の　　無情を　深く感じつつ
無量の思い　胸に満ち　　唯悄然《ただりょうぜん》と隊を組み
目と目を合わす　ばかりなり

と加筆し、続いて勝海舟作の

折りしもあれや　吹きおろす　城山松の勇嵐《ゆうあらし》

（略）

で結んでいる。

高崎正風は高潔な人物であるが、権力闘争の政治の世界でも活躍できる手腕の持主だが、文久三年の八・一八クーデターで長州藩を京都から追放する政変の主役も演じたことから、薩・長藩閥政府のなかでは活躍するのには支障があったのかも知れない。

他面、天皇親政を推進していくにあたっての内閣・参議との対立の中で、政治闘争の修羅場を経験し、勝ち抜いてきた高崎正風の存在と政治手腕の役割は大きかったものと思われる。

あとがき

西郷と大久保の関係について『西郷隆盛・福沢諭吉の証言』という名著のある坂元盛秋元七高教授は次のような趣旨のことを述べられている。

「西郷は国民的英雄であり、大久保利通も首相的立場にあった人物なので、対立抗争や批判を書くのは遠慮する傾向がある。

しかし、西南戦争で死傷者が西郷軍約二万人、政府軍約一万六千人という現実があるので、悪役を薩摩の若者達に振り向ける傾向があるが、純粋な若者達を悪役にせず、西郷と大久保の対立抗争の真実について明らかにする必要がある」と。

この悪役論の延長上には、びっくりするような説まで出てきている。

西郷下野後の明治七年から十年まで、大久保政府にとって薩摩は「腫物《はれもの》」とか「難物《なんぶつ》」と言われていた。

西郷が西南戦争で討死したことに関連して、「西郷は、薩摩の難物たちをあの世への道連《みちづ》れにして行って、大久保の政策がやり易いようにしてやった」と。

西郷軍参加者に、志を持った人間として尊重するかけらも見られない見方も一部あることに、唖然《あぜん》としたことがあった。

西郷の高潔な人格と識見を高く評価しているのに、福沢諭吉の『丁丑《ていちゅう》公論』と平泉澄の『首丘の人大西郷』がある。

戦前・戦中に平泉史学又は皇国史観で日本史の正統学派の位置にあった平泉澄元東大教授は、西郷と大久保の対立抗争について次のように述べている。

「明治の初めより今に至って百年余、西郷大久保の抗争については、人々忌み憚《はばか》るところがあり、伏せて明らかにしないところがあり、頗る曖昧模糊《あいまいもこ》たるを免《まぬが》れませぬ。よって今は、努めて側近附和の記録伝説を棄て、主として、文書、日記、又は詩歌によって、正確にそれぞれの心の動きや足取りを押へようと努めたのでありますが、（略）然し何よりも困る事には肝腎《かんじん》のところに於いて『大久保日記』その他の根本史料が、欠失してゐるのであります。それが故意であるのか、偶然であるのか、それは分かりませぬが、兎にも角にも見る事が出来ないのである以上、前後の行動より人物の本質を明確に捉《とら》え、捉え得たる影像をして、欠漏《けつろう》を補充せしめる以外には方法が無いのである。即ち、其処に筆者の想像が働き、従って筆者に責任の存す事は、明らかであります。それ故に今日我等が、遥かなる後生末輩を以て、おほけなくも英傑千古の心胸を開拓しようとするのであるから、推論の根拠を明確にして置く責任がありませう。」

第四章で、内治急務論とは、ロシアがヨダレが垂れそうに欲しがって紛争地になっていた日本とロシアの共有地・樺太を放棄して、ロシアとの摩擦を避けようというものであり、西郷の朝鮮使節派遣・遣韓論とは、まず朝鮮との外交を回復し、樺太を確保して沿海州経由朝鮮に至るロシアの侵略的南下に対する防衛構想の外征論でもあると述べた。

西郷は、日本で唯一人の陸軍大将で、海軍には大将はいないので、いわば日本国軍総司令官であり、日本の領土・領海・国民の生命・財産を守る総責任者であった。

徳川幕府を倒したのも、明治維新も日本の植民地化を防ぐための挙国統一政権を作るためとの原点に立つと、西郷の朝鮮派遣使節切望と樺太確保、そして外征論が明らかになってくる。

これを裏付ける旧庄内藩士酒井玄蕃の明治七年一月九日付けの手記がある。

庄内藩は、戊辰戦争の降伏式で、「どちらが勝者かわからなかった」といわれる礼節ある対応に感謝し、西郷と徳の交わり、心の交わりを大切にしたところで、西郷も本心を語っている。

酒井筆記で、西郷は、「今日の御国情に相成り候ては、所詮無事に相済むべき事もこれなく、畢竟は魯と戦争に相成り候外これなく、既に戦争と御決着に相成り候日には、直ちに軍略にて取り運び申さずば相成らず、只今北海道を保護し、夫にて魯国対峙相成るべきか、左すれば弥《いよいよ》以て朝鮮の事御取り運びに相成り、ホッセットの方よりニコライ迄も張り出し、此方より屹度《きっと》一歩彼の地に踏み込んで北地は護衛し、……兼ねて掎角《きかく》の勢いにて、英、魯の際に近く事起こり申すべきと……能々《よくよく》英国と申し合わせ事を挙げ候日には、魯国恐るに足らずと存じ奉り候」と語っている。

この酒井玄蕃手記について、毛利敏彦教授も、「ロシアとの対決は必至であろうが、北海道を防衛するだけではロシアと対抗できないと思われるから、むしろ朝鮮問題を解決して日本が積極的に沿海州方面に進出し、「北地」を防衛するのが上策であり、さらに英露対立を念頭において日英提携してロシアにあたれば「魯国恐るに足らず」との世界戦略を示している。つまり、西郷の構想では朝鮮問題の解決には、対ロシア防衛戦略の第一段階にも位置づけられていたわけである」との見方を述べている。

明治六年政変の原因について、前にも述べたが、西郷そして大久保からも信頼されていた村田新八が、岩倉遣外使節団から一足遅れて帰国し、大久保と政変について会談した後、従弟で、のちに勧業銀行総裁となる高橋新吉に、「征韓論の衝突は、西郷、大久保という両大関の衝突である。西郷と大久保の衝突については、われわれがこれに批評を試みる余地がない」と、西郷と大久保衝突について、語ったことを高橋は終生語り続けたという。なお、高橋は大久保家と親しい関係の人である。

又、西郷の真意について、次のような黒田清綱の談話もある。

黒田清綱は、沖永良部《おきえらぶ》島に永久流罪の西郷の赦免を、高崎正風・高崎五六・三島通庸・篠原国幹・伊地知正治など十数人の志士たちと島津久光に申し上げ、お聞き下さぬ時は久光の御前で腹を切ろうとまで決めて嘆願したり、西郷が西南戦争で没後、特赦請願を三条実美《さねとみ》に行った西郷と親しい人物である。

山陰道鎮撫総督府参謀、東京府参事、元老院議官、枢密顧問官などを歴任し、御歌所所長高崎正風の没後は明治天皇、大正天皇の御製をみた。

明治六年八月、西郷の朝鮮使節派遣が閣議で決定された後、東京府参事（副知事）として首都のポリス制度の創設などを担当してきた黒田清綱が西郷を訪問したところ、西郷は清綱の訪問を喜び、語ったことについての清綱の談話がある。

「黒田どん、世間じゃおいどんが朝鮮に死んけ行くちゅうて、あれこれ行っておるようだが、おいどんは死に行くのじゃごあはん。一兵も動かさず、立派に『隣交《りんこう》』をやり遂げて来申す。策略はやり申さん。天道に基づき、赤心を披瀝《ひれき》して話し合い申す……朝鮮との談判は心配してはおり申はん。すぐ片づきます。それで、帰りにはロシアの首都に回って来申す…」

このような内容につけくわえて、清綱は次のようにいっている。

「南洲翁のやりかたは、いつも死地に入って大局を説き、活路を開くという大きな立場からする方法であった。卑怯な策略は、おいどんはやらんと、はっきり言われた。人事を尽くして天明を待つ、との信仰をもっていた人である。相手の腹中に信を置いて誠を尽くす…堂々の論を述べ合う状況を作る人だった。あの人の腹中には驚くべき先見があったのだ。必ず、談判を仕遂げて帰る成算があったといえる。この南洲翁の真意だけは後世に伝えておきたい」と。

西郷征韓論説は、「朝鮮側が使節を暴殺したら、暴殺を理由に武力行使したらよいという、暴殺・武力行使」と「西郷の死願望」を根拠にしているが、西郷の真意についての黒田清綱談話で否定される。

又、西郷の外交は、幕府の長州征討の際に、「馬関《ばかん》海峡は薩摩の奴らの三途《さんず》の川よ」と薩摩へ敵意を燃やしている下関の奇兵隊本部へ単身乗り込んで、講話条件の三条実美ら五卿の筑前太宰府へ移すことを説得承諾させたり、江戸城無血開城の際の会談でも勝海舟を信じて単身乗り込んで会談を成功させてきている。

人間像や外交軌跡《きせき》からも、礼節と大誠意の朝鮮外交使節だったはずである。

「征韓論の謎は西郷の心中に在り」とも言われるが、村田新八、黒田清綱のように西郷と親しく、人格からも信頼性の高い人物の発言は、信頼性の高い第一級の直接証拠であり、重視さるべきと考える。

大久保と西郷の友情破裂の原因について、平泉澄教授は、岩倉使節団出発時の組織及び人事に手を付けないという「約定書」違反を大久保が西郷を非難したことであろうと述べられている。

海音寺潮五郎氏と市来四郎氏は、文久二（一八六二）年の寺田屋事件の際に、大久保が、西郷に不利な真実でない情報・ざん言を久光に告げ、永久流罪の原因になったことを、明治六（一八七三）年頃西郷が知ってしまったであろうと推定されている。

海音寺潮五郎氏は、著書『西郷と大久保』では、両者の美しい友情を信じて、西郷が厳罰《げんばつ》に処せられたのは、有村俊斎や堀次郎の早合点による悪しきざまな報告によるという通説に沿って述べられていた。

ところが、次の作品である『西郷と大久保と久光』では、久光の、下関で待てとの命令を無視して一通の置き手紙も残さず勝手に大坂へ飛び出して行ったので、久光が西郷は俺をあなどっていると激怒したことについて、次のように述べている。

「西郷が一通の置き手紙もしていないと大久保が言ったことが気になります。西郷の置き手紙は、当然、白石正一郎（止宿先の下関の豪商）に託され、渡したとすれば必ず大久保に渡したでしょう」

西郷は、大島見聞役《けんぶんやく》の木場伝内《こばでんない》に置き手紙を書いたと言っており、久光は手紙は全然なかったと大久保から聞いたと云っている。大久保は西郷の手紙を読んで、その内容が久光の不興を買うおそれがあると握りつぶしたのではと推定している。

それから、久光の側近で、島津家の編纂事業に従事するとともに、宮内省の委嘱を受けて、薩摩島津家・長州毛利家・土佐山内家・水戸徳川家の事跡を記録するため、東京で史談会運営の中心人物をつとめた市来四郎は、寺田屋事変前の西郷をめぐる大久保利通・中山仲左衛門・小松帯刀たち側近と、国父島津久光の動向について、史談会で次のように語っている。

「下関に着ひて、蒸気船は其処《そこ》に繋《つな》がつてをるし、着すると程なく大久保が出て云ふには誠に不都合な事になりました。西郷は三四日前迄当所に居りましたけれども浪士を連れて上りましたようです。一封の手紙も残してはござりません。実に不都合な次第で如何なる見込みも分かりませぬ。御約束を違《たが》へましたは恐れ入るともうした。其れは怪しからんことである。初めの約束と違ったでは無いかと云ふ中に、中山が出て初めより私などとは議論が合ひませんが西郷は悪い考へではござりますまひけれ共浪士を引列《ひきつ》れて大坂の様上りましたは、何乎見込もござりましょうけれども、一封の書付も残さず上りましたは怪しからん次第でござりますと目をむき出して云った。（略）

兵庫に向けて出帆し、兵庫に着かれた處が、大久保が遣って来て云ふには甚だ相済まんことになりました。大坂には諸国の浪人を皆御邸へ入れてござります。西郷は浪人と結合致して暴発の企てを致して居ると申すことだと云った。其時中山は側に居つて目を圓《まる》くして、拙者に向かって云ふには、西郷は怪しからん事を致しました。御約定にも違ひ、其上大坂に入り込んで居る浪士は西郷の手ではござりませなんだが、西郷が来たと云ふことを聞ひて、度々密会し、彌暴発の企てを致すと申すことで、確に有村が浪士の真木和泉より聞ひたそうだと云ふた。其企ては九條殿下と所司代を討つと云ふことだと云ひだした。（略）」

西郷は詰問十四ヵ条の誤解を解き、真意《しんい》を理解してもうため、久光側近の市来四郎に当然面会したと思われる。そして、市来四郎は史談会で語ったようなことを西郷にも話したと思われる。

西郷の永久流罪への罪状に、浪人らと共同謀議して暴動をくわだてたこと、青年らを煽動《せんどう》したことがあり、有村俊斎らが早合点して報告している。

西郷は、「京・大坂に集ってきた人たちは決死の覚悟で出てきた死地の兵だ。死地の兵を救うには、自らも死地に投じ、一身を張って徒死《むだじに》から救おう」ということで、大久保とは打合わせてのことだったという。

事情を知らず外形だけを見ての有村俊斎らの早合点はやむを得ないにしても、大久保は西郷の真意を久光に説明してくれて久光の不興を買ったと心配していたので、大久保が「西郷は浪人と結合して暴発の企てをしている」と久光に報告していた事実を知らされて愕然《がくぜん》としたことであろう。

沖永良部島への永久流罪からの赦免へ、高崎正風たちの切腹覚悟の嘆願については、第五章でくわしく述べたが、西郷が知らなかったことは、高崎正風が「西郷は知らなかったようで、自分から話すのも自慢話になるのでせず、疎遠《そえん》になっていた」と語っている。

大久保は、久光が西郷の赦免を承認後は、積極的に動きだし、吉井友実を迎えの使者に出し、帰島歓迎宴を主宰したりしたので、西郷も大久保の尽力のおかげと信じたのであろう。

西郷は赦免の実状を知らなかったであろうが、京都藩邸の軍賦役（軍司令官）に就任した後、高崎を薩摩へ帰藩させている。

これには、西郷復帰前の文久三（一八六三）年八月十八日に、京都守護職会津藩主松平容保、京都所司代淀藩主稲葉正邦、そして薩摩藩とで、長州藩と三条実美ら尊攘派公家を京都から追放した八月十八日の政変があった。この時、薩摩藩で主役をつとめたのが高崎正風といわれている。

尊攘派との連携をはかるための京都藩邸体制刷新ともいわれるが、この政変への薩摩藩の参加は、久光と小松帯刀・大久保利通ら側近からの指示・命令によるものであり、政局の表舞台京都から帰藩させられた高崎の心中は残念であったろう。

沖永良部島の永久牢獄から救い出すため必至の嘆願を久光にした高崎正風へ、知らぬこととはいえ、表舞台から遠ざける冷たい人事を行っていたのである。

明治六年三月までの四カ月に及ぶ鹿児島滞在中に、永久流罪から赦免嘆願に大久保は動かなかったこと、高崎正風は、久光のくわえていた銀のキセルに歯形の跡がつくほど怒られながら必至の嘆願をしていたことを久光側近の人たちから知らされた西郷の心中はいかばかりであったろう。高崎正風に更迭《こうてつ》など冷たい人事を行うなど、十年余、忘恩の徒になっていたのである。情義に篤《あつ》く大誠意の人といわれる西郷だけに、ショックは人一倍だったであろう。

ここで報恩ということの実践として、まず、師でもあった主君島津斉彬の樺太領有論へ向けて、帰京へ開墾用具を持参したり、北方鎮台司令官に就任し、樺太分営司令官に篠原国幹近衛局長を起用するなどの北方兵団構想、そして朝鮮派遣使節へ、強い切望となって三条太政大臣、岩倉右大臣を驚かせたのであろう。

高崎正風へは、十年余、不明のためとはいえ、礼節を欠く忘恩の徒になっていたことを誠心誠意あやまり、感謝の気持ちを伝えたであろうことは、高崎正風が、西郷の賊名除去三年半前の明治十八年に、太政官の伊藤博文らの非難も覚悟の上で、西郷追慕の祭文である「城山」を、勝海舟とともに作成していることから推察できる。

西郷が、明治六年に鹿児島から帰った後、政変前に、「この世がいやになった」とか、「死にたい」とか言ったことが、「死願望」として色々と憶測《おくそく》されているが、長年最も信愛してきた大久保が「靖天の時だけの友」であったことがわかったことや、高崎正風たちに十年余も忘恩の徒になっていた自分が、人間として許せないという自己反省も影響したのであろう。

明治六年政変の「一の秘策」の主役は、岩倉具視・大久保利通・伊藤博文の三人だが、岩倉と伊藤は人生の最期に臨《のぞ》み、次のように述べている。

政変で遣韓使節延期を天皇に上奏した岩倉具視は、明治17（1884）年の病死を前に見舞いに来た副島種臣《そえじまたねおみ》（政変時の外務卿）に対し、「あの時、西郷さんを朝鮮に行かせればよかった。一生の不覚だった」と語ったという。

政変の仕掛人で首相も務め、初代韓国統監の伊藤博文も、明治42（1909）年にハルビン駅頭で暗殺される前に、同行記者に「南洲翁の議論は、このさい大義名分を明らかにしておこうという使節派遣論で、決して征韓ということではなかった」と語っている。（「伊藤公最後の南洲談」「日本及び日本人」明治43年九月号）

終わりに、西郷が切望した遣韓使節を政権奪還闘争の手段として挫折させられた心境を詠《うた》ったといわれる、一代の英雄西郷の哀しい真意がこめられている歌、

おもわじな　思ひし事は　たがふぞと
　おもひ捨てても　思ふはかなさ

を紹介し、西郷の真意が国民的常識になることを願ってペンを置きたい。

伊牟田比呂多（いむた・ひろた）

鹿児島県人事委員会事務局長、教育長、社会福祉法人理事長などを経て執筆活動。
主な著書『ときの流れと波浪のなかで』（高城書房）『幕府挑発・江戸薩摩藩邸浪士隊』『城山陥落西郷死して光芒を増す』『征韓論政変の謎』『明智光秀転生改訂版』西郷南洲顕彰会専門委員。鹿児島史談会会長。明治維新史学会会員。歴史研究会会員。軍事史学会会員。

征韓論政変の真相　西郷と大久保、親友からなぜ激突へ

平成28年3月24日初版発行

著　者　　伊牟田　比呂多
発行者　　寺　尾　政一郎
発行所　　株式会社高城書房
　　　　　鹿児島市小原町32-13
　　　　　TEL 099-260-0554
　　　　　振替 02020-0-30929
印刷所　　大同印刷株式会社
　　　　　HP http://www.takisyobou.co.jp

ISBN978-4-88777-159-8　C0021